トモ藤田 Guitar Worl

~トライアドの先へ Guitar talks

まえがき

私が衝撃を受けたのは、ＹｏｕＴｕｂｅの動画でした。トモ藤田さんが、以前から沢山の教則本やＤＶＤを出されていたのは知っていましたが、実際に演奏を見る機会がなかったのです。というのも、私自身も色々とギター教則本を書いていたので、他の方の本をあえて見ないようにしていたこともありました。

そんな中、友人のギタリストが1本のＹｏｕＴｕｂｅ動画を送ってきました。動画はＮＡＭＭでの演奏シーンで、家庭用のビデオカメラで撮られた映像。そこに映っていたのがトモ藤田さんでした。

メロディアスでピッキングがとても綺麗で、トーンもクリーミーで艶やかで極上のクリーントーン。本当のクリーントーンを出すのはアンプをクリーンチャンネルにすれば良いわけではありません。トモさんのクリーントーンは、手元でコントロールされている真実のクリーントーンだ、と動画を見て感動したのを覚えています。

それからはひたすらＹｏｕＴｕｂｅでトモさんの映像を見て、学びました。トモさんのギターは聴いているだけで勉強になるのです。インプロビゼーションがとにかくメロディアス。フレーズが印象的で体にバンバン入ってきます。トモさんのギターは外国感が強く、とにかく独創的でオンリーワンな音です。誰に媚びることがなく、トモさん自身の音です。アーティストである上で技術も必要ですが、もっと大切なことは誰でもない自分でいること。オンリーワンでいることです。

そんなトモ藤田さんと仕事がしたいと思い、オファーをしたのが2014年4月。ちょうどこれを書いた4年前です。トモさんはその頃、別の本を書いていてタイミングが合わず、何度も断られてしまいました。

本編でもトモさんが触れていますが、「ジョー・パスに断られても何度もアタックした」というエピソードはとても共感を覚えました。ギターレッスンやメソッドへの共感も多々あり、ますます一緒に作品を作りたい欲求は増えていきました。そんな折、次の来日の機会に会いましょう、と声を掛けていただき、新宿のお好み焼き屋のランチへ行くことに。初めてとは思えないほど、レッスンへの考え、音楽への考え、仕事に対する姿勢が一致して（一方的かもしれませんが）意気投合。それからはとにかく準備準備。事前に何を用意するか、撮影申請や出演者へのアポ取りなど膨大な準備をし、DVD撮影に挑みました。撮影はとにかく楽しかったのひと言に尽きます。トモさんのメソッドは、これまで私が培ってきたメソッドと一致する部分がとても多いことに驚きました。トモさんと一緒に仕事をすることは、私のポジティブな部分を引き出し、そして様々な気づきを与えてくれました。

この本はDVD「トモ藤田 Guitar World USA & JAPAN ~トライアドの先へ Lecture & Documentary ~」でのトークを中心に構成されています。DVDでは難解と思われる箇所を図解し、より伝わりやすく工夫をしてみました。

この本を読んだ皆様の、ギターの上達や気づきや生きるヒントに少しでも貢献できたら嬉しいです。

プロデューサー　四月朔日　義昭

目次

5章　トモ藤田が明かす！「Ｋｙｏｔｏ」徹底アナライズ……71

6章　オンリーワンで生きてきた道筋……89

1章

右手と左手に関する演奏思考法

ピック選びの重要性と使い方

トモ藤田　僕はずっとＰＩＣＫ ＢＯＹのセルロイド製の１ｍｍのピックを使っています。

四月朔日　トモさんのギターの生のピッキングの音を聴かせていただいたのですが、とても衝撃的でした。

トモ藤田　**僕の生音はピックの音がしないんです。**

普通は素材的にもピックの音がします。

そこが僕のポイントですね。

四月朔日　普通はカチカチ、ピックの音も鳴っちゃいますね。このピック、僕も使っているのですが弦の吸い付きと弦をキャッチがしやすいのも良いですね。

トモ藤田　そう、滑らかなので弦への吸い付きも良く、アタックがスムーズにいきますね。

トモ藤田流　ピッキング術

四月朔日　僕もこのピックを使うようになってから、ピッキングが弱くても安心して弾けるようになったんですよ。

トモ藤田　僕がいつもダイナミクスをつける理由は、そこでギターのトーン、その人の音が出るので、まずピックの音がしないことが前提ですね。例えばソフトに弾いても、ｉｎｔｅｎｓｉｔｙというか……。ハンマリングの音よりも小さい音で弾いても、気合は入っている。

四月朔日　トモさんはピックを持つときに、親指側のピック下部が結構出ていますよね。

トモ藤田　出てるね。**持った時にこの「ＰＩＣＫ ＢＯＹ」の文字が見えるくらい**なんです。**(次頁)**
普通はもっと深く持ちますよね。深く持つ方が速く弾きやすいと思いがちなんですが、ピックが動かないのでダイナミクスが出せない。
だからボリュームが小さくて、歪《ひず》みが多くて、リバーブが多くて、強く弾いて、誰が弾いても同じ音になってしまう。

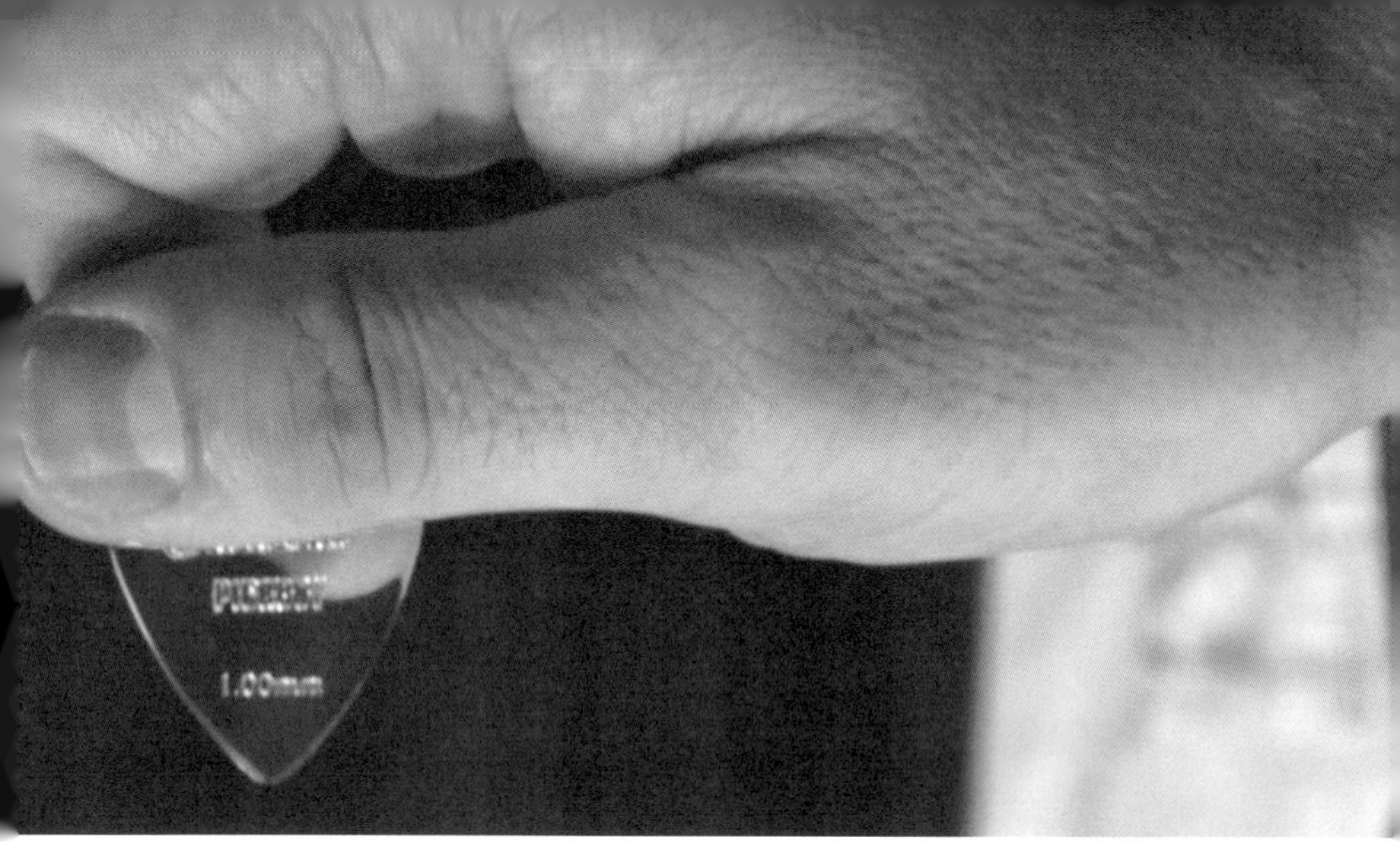

トモ藤田

最近instagramのライブで僕の生徒さんが**「今のピックのボリュームは？」**と言ったんです。皆そこまで気がつかなかった。ストロークは結構長めで幅は同じです。**僕はピックの持ち方と握り具合で音量を変えている。**固いピックだと、そこで少しはねるのでカチャカチャ鳴るんです。普通は強く弾くとストロークの幅が広く、弱く弾くと狭くなることが多い。僕は同じです。

リバーブも練習のひとつです。ピッキングの強弱でリバーブの深さを調節しています。僕の演奏の特徴はアンプも良い物を使うけどやはりピックの素材と持ち方で音を変えています。

四月朔日

人差し指と親指のホールド力を強めると、下が固くなってアタックタイムが速くなるから、トモさんはそうしているのかと思いました。

トモ藤田　僕はね、アタックは全て速いんです。アタックは速いんだけど、**持ち方がフラフラな状態。**弦に当てると、ピックがいつもこんなふうに動いているんです。落ちないように。まあ、落とすこともあるけどね。

四月朔日　平行アングルっていうのが日本ではありますが……。

トモ藤田　僕ね、アングルってほとんどつけないんです。なぜならアングルをつけるとダウンのサウンドとアップのサウンドが微妙に違うんです。でも、これは歪みでやると意外にわからない。メリハリもつくし。僕は基本的に、なるべくフラットな状態で音の差がないようにしています。

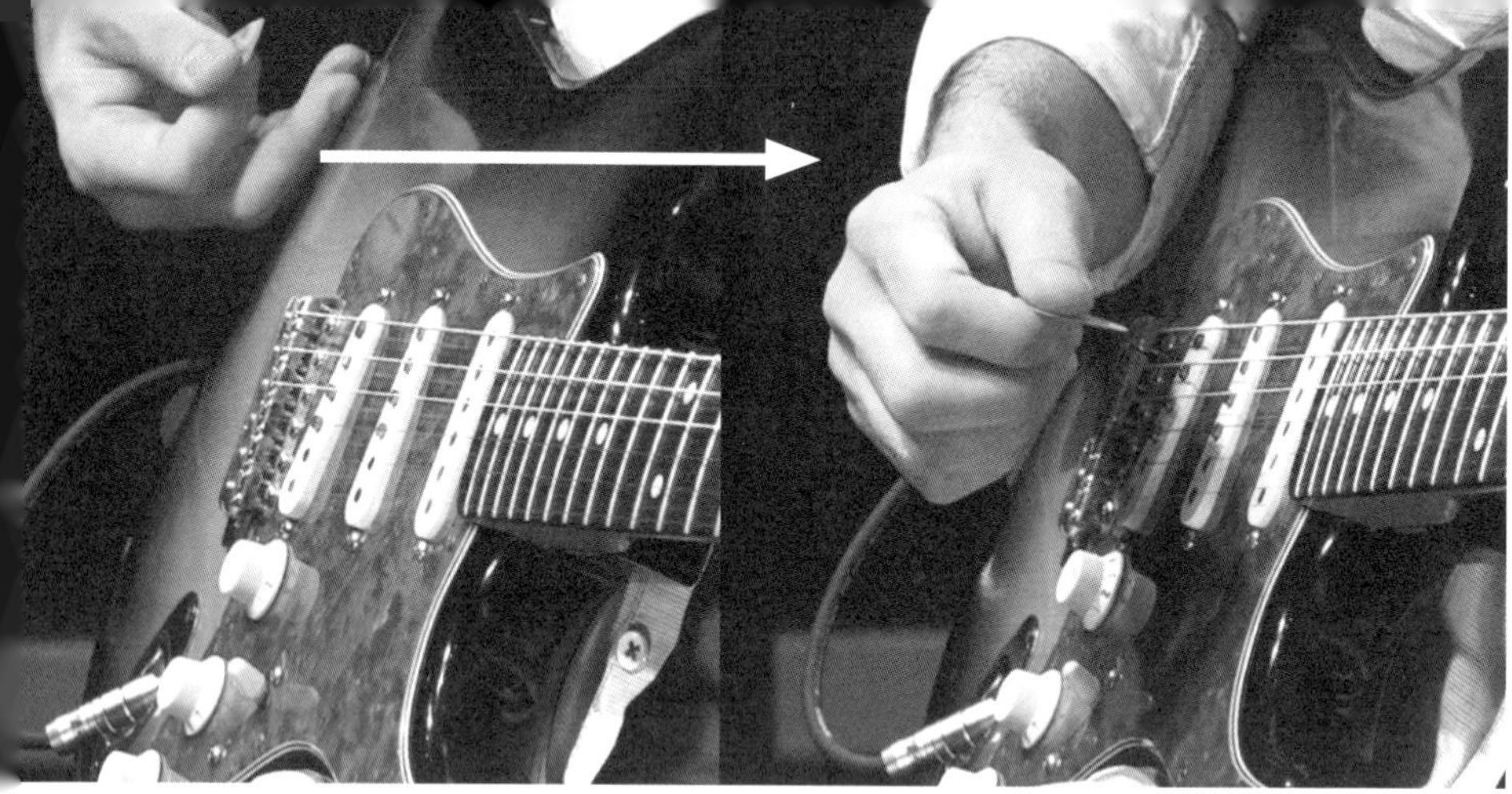

右手の動作とサウンドの関連性

四月朔日　平行に当てなければいけない時の手の位置はどうですか？

トモ藤田　ストラトキャスターの場合はこのくぼみの位置に肘を当てます。**（上写真）** 肘は上下に動かさず、手首をなるべく止めて肘から動かすスタイルです。細かいリズムをやる時にはこういう練習をします。レオ・フェンダーがストラトを作った時に、アコースティックギターの形で要らない部分だけ取って、基本的な形は残していると思うんです。だからボディのくぼみに肘をつけて弾くと、ちょうどピックが当たる位置がサウンドホールになるようになっていると思うんです。でも、レスポールとかの小さなギターは単純に格好良く小さくしているだけなので、あれだとリズムギターが上手くならないと思います。なので、やはり肘から動かすことが大事だと思います。

四月朔日　体重も乗るし、肘で鳴らすということは、上腕から肩方面の筋肉を使っている印象ですが筋トレをされてるのは効果的ですか？

トモ藤田　それが難しいところで、やればいいというのではなく、どのように、どれだけやるかが大事。筋肉がつきすぎると動きが鈍るので良くないと思います。僕を見てもらえば分かると思うけど、ブルース・リーを狙ってるんです。ブルース・リーは筋肉はあるけど太くないでしょ。なので、筋トレは速く細かくやらなければならない。例えば20回腕立てをやって、もう1回やって終わるとか。それを100回もやったりプロテインドリンク飲んだりすると筋肉が太くなる。筋肉は細めで速く動かせることが大事です。

四月朔日　ブルース・リーのパンチやキックはキレが良くて速いですもんね。

トモ藤田　僕のカッティングはブルース・リーですね（笑）。

四月朔日　スピードを出すための筋肉なんですね。

弦とピックの当たり方

四月朔日 ピックと弦の当たり方はどう考えていますか？

トモ藤田 クロマチック練習は……誰でも知っているでしょう。僕はこの、当たる瞬間をパーフェクトにしています。当てる瞬間に時間をかけます。よくありがちなのは、左手が先に押さえてしまっている例。こうなるとタイミングが合っていないので何にもならない。だから僕がやるのは……待っているんです。本当にタイミングが合う時だけ弾かないと上達しないんです。タイミングが大事だから、テンポは気にしない。

四月朔日 自分が上手く弾けているかどうか分からない人もいますね。

トモ藤田 よく「ゆっくり弾く」ことが良いと言うけれど、「ゆっくり」の意味は、絶対に無理をしないということ。僕はそこを細かくやっているので、速く弾いたときにプチプチ途切れる音がしない。

ゆっくりタイミングが合うのを待って弾くと良いですね。

移動時のフレットノイズ処理とボイシングへの考え方

トモ藤田　よく弟子に言われるのが、なぜノイズが出ないのかということ。僕はノイズが気になり出した時、わざとノイズが出やすい環境で練習をしました。例えばリア・ピックアップでリバーブなしで、トレブル上げてベースを下げる。皆は音量を下げることでノイズが気にならないようにするけど。僕はこうした練習のおかげで、どこを弾いてもノイズが出なくなりました。
移動時に一瞬指を上げているからなんですよ。練習はゆっくり同じことをするんです。みんな弦を押さえたまま移動してしまうでしょ？　本当は弾いて、右手で止めて、左手を上げる。離した時はいつも必ずノイズが出ないように触っている。ノイズが出ないようにすることは、僕の中では自然なことです。

四月朔日　全てはスピードですね。

トモ藤田　そう……あとボイシングに関して言うと、ピアノとホーンセクションのイメージです。

四月朔日　左手の横移動の速度が速いですね。

トモ藤田　速いほうがボイシングもきれいです。聴いているとプロの人でもオープンコードなどでノイズが出ている方もいます。例えばパラパラと弾いたり、スライドしても僕はノイズが鳴りません。

四月朔日　「キュッ」という音は巻き弦が鳴るんですよね。

トモ藤田　そう。面白いことに巻き弦はちょっと指を離すと弦の上をさらさらと動ける。僕はバークリーでいつも教える表現としては、壁の上で紙を持ってこう、スルスルと動かす、と言っています。力が入っていないからこそ紙は壁の上を動くわけで、押さえると紙は動きません。スムーズに動くためには最小限、紙が落ちない程度の力を入れて、それ以上押さえないことです。だから常に力を抜く。あと、よく四月朔日さんにも言われるけど、こう左手の親指が時折ネックから離れているでしょ。それも大事です。

左手を安定させる体の使い方と演奏法

四月朔日　右腕でボディを安定させることも大事ですよね。

トモ藤田　そうだね。例えばベンドをする時、まず胸を張るようにするとギターが膝から上がるので、ギターを持たなくてもよくなる。次に**右肘でギターを胸の方に向かって押す感じ。**するとネックが前に出ようとする。そこを左手で弾く（押し戻す）ことで、てこの要領で、手の親指がいらなくなる。安定しているでしょう? 体で押しているからですよ。

四月朔日　なるほど、**ベンドする時に、右胸の部分でボディを押さえつけて固定している**んですね！

トモ藤田　そう、2音分ベンドすると、力がいるから、ほら……必ず2音分、体が前にいくわけ（笑）。これで（親指なしでも）コードも押さえれる。

四月朔日　こうして肘と胸でボディを支えているからですね。**（前頁写真）**

トモ藤田　皆、勘違いするのが親指を使わない方ががいいのかというと、そうではなくて、単に力を入れていないだけ。僕の基本形は左手は握りこまずにクラシックフォームから親指が少しだけネック上部に上がる感じ。**（前頁写真）**

四月朔日　トモさんの弾き方だとベンドがすごく安定するのと、ビブラートが綺麗にできる気がします。ネックを握りこんで弾くと動きが制限されてしまいやすいですね。あと、フレットにダメージを与えている気がします。

トモ藤田　僕もそう思いますね。このギター、ミュージックマスターというんだけど、ローフレットしか減っていないでしょう？　これは弾いていた人が初心者だったということですね。

これは1957年のモデルでフルオリジナル、ナットまでオリジナルです。僕はコレクションで、このミュージックマスターとデュオ・ソニックを持っていて、デュオ・ソニックはピックアップが2つあるんですが、このギターを買った時に「フレットを換えたくない！」と思った。

そのためには、ソフトに弾けばいいんだと思ったんです。

四月朔日　僕ね、ベンドの練習をよくこのギターでやるんですが、ネックが22インチ半なので、ピッチが変わるのが速いんです。なのでかなり細かく気を使って練習しなければならない。それと押弦の時に力を入れなくすると、フレットも減らなくなる。これもテクニックのひとつですね。

トモ藤田　ネックを握りこんでしまうと、内向きに力が入りすぎるのでフレットが削れてしまいますしね。そして、摩擦が多過ぎると揺れにくいので、無理に揺らそうとするとワンパターンで、皆同じビブラートになってしまう。例えばB・Bキングのような激しいビブラート。別に真似してもいいけれど、真似をしていてもそれ以上にはいきません。僕のビブラートの特徴は、2~3秒ストレートにして、力を抜いてちょっとかける、という感じです。

四月朔日　より人間の歌に近いですね。日本の演歌も、伸ばしてから、後半にかけて揺らします。まさに歌ですね。

右手と左手のシンクロ率を上げる

四月朔日 次は右手と左手のシンクロについてお伺いさせてください。

トモ藤田 いつも悪いと思っています(笑)。例えば左手でネックを握りこむフォームだと指が開かない。だから、指を開こうとしても、指が自然な閉じた状態に戻ろうとする。これは手を握りこんで閉じた状態が人にとって楽なフォームだから。ということは……親指の位置を下げてクラシックフォームに近づけてゆっくり弾きます。1回失敗したら終わりなので、念のためにゆっくり弾くのです。ゆっくり弾けば自分で間違いやミスもよく分かります。僕はこの練習をしているので、演奏が安定しています。凄いことをしなくても、安定させた方がいい。どこまで伸ばすか決めて、今度はそれをミュートした時に、どれくらいの速さでミュートするかによって音の粒が変わります。これもある程度均一にして、伸ばしてアタックを綺麗に出します。

四月朔日 弦によってシンクロのしやすさがあると思いますが、その場合の鍛え方はありますか？ 5~6弦と1~2弦ではピックへの負担が変わってきますよね。

トモ藤田

そうですね。もっと細かいことを言うと、クロマチック練習は初めは縦に進まない方がいいと思います。弦移動に合わせて親指の位置を変えないと良い音にはなりません。まずは横方向で。あと、低音弦は太いので、いくぶんソフトにピッキングしないと音が大きくなってしまいますね。プライベートレッスンで教える時などはこうやります。僕の理論だと8フレットあたりから13フレットあたりフレットが小さくなると、ミッド（中音域）が上がると思うんですね。ということは、普通のピッキングをしていたらそこで音量が上がると思うわけ。弾き方が同じだと、うるさいところとうるさくないところがあるんで、音が同じ大きさになるようにピッキングを変えています。

これが僕のシークレットですね。

どこのポジションにいっても明るさ、深さ、音量を把握して音が揃うように弾いているので、バランスがいいんです。だから、良いギター、良いアンプ、そしてブライト気味に弾かないとだめなんです。

トモ藤田　ボリューム10だと全部使い切っているので、それだと弾きやす過ぎる。なのでボリュームは8～9で大きめ、リズムギターなら7とか、敢えて弾きづらい状態でやる。なぜかというと、トロンボーン、トランペット、バイオリンとか、ドラムにしてもすぐには良い音がしないと思う。ギターだけですよ、こんなに適当にいじって良い音がするのなんて。だから比較的上手くなる確率が少ない。

四月朔日　あと開放弦を弾く時とハイポジションを弾く時では、ピックにかかる負担が変わってきますね。

トモ藤田　うんうん。ひとつ言えるのは開放弦の音は左手で触れることがない場合、常に響いているので、響きが強すぎると、ギターの音の響きの美味しいポイントから離れてしまっている。

僕の曲で「Ｒｏｏｍ４１８」という曲があって、この曲の特徴は6弦、1弦、2弦が全部鳴ってバランス良く弾くので、開放弦の弦が、良いとこまで響いてそれ以上いかないようにしているのがポイント。普通はジャカジャカ乱暴に弾くとそれ以上いっているので、叫んでいるような感じになっている。開放弦が揺れすぎて鳴りすぎている状態。この曲は色んなところにいくのでミッドが強い。

曲のピークポイントを意識してソフトに弾く

四月朔日　開放弦と押弦が混在している時に、開放弦のところは振動が強くて揺れも大きいのですがトモさんはピックと弦の当たり方を細かくコントロールされていますよね。

トモ藤田　はい。この曲を弾く時はかなり気を使っています。コードをとるのは簡単なんだけど、ジャカジャカできないから全体のバランスをとらなければいけない。コードAになって、Aディミニッシュコードになるんですけども、ここでこの音が自分の中でピークなんです。普通ここから強くやると大きいでしょう。だからここは小さくやる。あとここのスライド、普通はキュッて音が鳴るけど鳴らないように。というわけで、ピークポイントのためにその前のコードをソフトに弾いたりします。

■フレーズをチェック
音源はDVDからの抜粋です。

コーティング弦について

四月朔日　ひょっとすると、キュッと鳴らないコーティング弦を使っているのではないか?と思う人もいるかもしれませんね。

トモ藤田　僕の通信レッスンを受ける人で、最初はコーティング弦を使っている人が多いんです。コーティング弦というのは、弦の上につるりとしたものが乗っているような感じなので、力強く弾いてスライドしても感じない。ピッチがシャープしていても感じない。そこで皆悪い癖がついてしまっていた。コーティング弦を張っている生徒さんの音を聴くとそれを感じる。だからダダリオの普通の弦に替えてもらうんです。

2章

テクニックにおける演奏思考法

カッティング時の右腕の理想的な動作

四月朔日　右腕の肘を大きく振るとおっしゃっていましたけど、速い動きの時は、この動きでは追いつきませんよね。では肘の回転と手首？

トモ藤田　そうそう。肘でやるのが基本で、タイトにしてから細かいところは手首とかのコンビネーションでやります。手首の微調整ね。

四月朔日　まずはこの腕の大きい振りと、助走が大事。

トモ藤田　そう。スウィングとかでも、かなり長いストロークで弾きます。レッスンで皆弾いてもらうと振りかぶりと助走がない。ここが重要なんだけど。だから個人レッスンは大事なんです。自分でやっていたら、確かめて、いいですよ、よくないですよ、と言ってくれる人がいない。上から腕を振り下ろすより、できてない人は弦の近くから弾き始めてしまう。振りぬく勢いがなかったらだめなんです。長いストロークで、スピードがあってアタックが速くなると良くなりますね。

トモ藤田流カッティング徹底アナライズ

トモ藤田　テンポが遅くても、ピッキングのスラムするスピードが速い、アタックが速いことがリズムギターでは大事です。振りぬく速度が遅いと各弦がバラバラに鳴ってしまう。機械的に考えると、ギターというのは6弦から1弦、1弦から6弦とちょっと時間がかかる。僕はどっちから弾いてもなるべく同じように鳴るように練習する。僕がやった練習としては、右腕の振る速度と振り幅は同じだけど、ピックをソフトに持って音を弱くする、など手元でコントロールしています。

四月朔日　あと音の長さのコントロールを結構されていて、実音よりも短く発音されたりとか。

トモ藤田　はい。よく聴いていますね。音の長さは結構ポイントで、伸ばしたり縮めたりします。

四月朔日　6弦セーハコードを弾いて、6弦まで全部鳴らすと音切れがすごく難しいはずですよね。6本あるのでフレットバーから弦が浮くまでの時間があるので、コントロールが難しい。そこをキレを良くするには？

トモ藤田　キレを良くするには、**押さえる力を最小限にすること**です。音が鳴っているときに、これ以上押さえると指が弦に食い込むので、次にリリースする時に時間がかかりすぎてリズムが鈍くなる。弾いた後、瞬間的に弦から離れる時に、親指を離さないと指板側の指が離れすぎる。親指のほうを離すことで、指が離れすぎずに浮かせることができます。

四月朔日　弦が離れる時間をしっかりコントロールされていますね。

トモ藤田　そう、大事なのは鳴っているのを一瞬で切ること。左手の親指がコードに合わせてかなり動くんです。これがネックを握りこむフォームだと親指が常に上がりすぎているから、動きが固いんです。あと皆が僕の右手の振りを真似をする時に、始めから手首でやろうとするけどできない。基本的には手首を使わずにストロークした方がアタックも強いし振りぬきも速いよね。手首は微調整に使っている。だから機械的にならないんです。

四月朔日　今、もうひとつ秘密がわかりました！

トモ藤田　秘密がわかったの（笑）!?

四月朔日　この大きい右手の振りは、ピックが全ての弦に平等にあたるようになっている。手首だけの動きだと、楕円を描くような軌道になるので平等に当たりませんよね。

トモ藤田　要するにね、さっき言ったキーボードとかは何個かの音を一気に弾くでしょう。でも、ギターは何個もの音を一気に弾けない（ストロークの場合）。だから皆、バンドやアンサンブルの場合は2～3個の音を手首だけで弾いて、ベースがボトムを弾いて、ドラムがいて。僕の場合は、ホーンセクションやキーボードをアース・ウィンド・アンド・ファイアーみたいなのをかなり聴いたので、その印象があるから一人で弾いてもそのイメージで弾いちゃう。一人バンドのような感じ。もっと細かく言うと、6弦から弾く時はちょっとソフトに弾いてる。やはり6弦は太いので余計振動が強いから強く弾くと、6弦が大きく鳴りすぎる。それは結構気にしながら弾いています。

クロマティック練習を行う本当の意味

トモ藤田

クロマティックでのバタつきについてだけど、皆クロマティックの練習をする時、弾くテンポが先行するんですね。それだと指の動きがチェックできない。僕の場合は、ゆっくり弾きますね。一回止まってみるんです。できていなかったら意味がないから。止まって、用意ができてから次にいくんです。そしてなるべく次に押さえるポジションに近いところに指を持っていく。親指を離しても鳴るくらいの力加減です。力はほとんど入っていません。これで力の入れ具合を確認してください。音が伸び、無駄がないこと。クロマティック練習ではテンポ・ダイナミクス・音のクオリティ・バタつきなど、どこを気にするべきなのか。そう考えた時にテンポというのは一番関係ないですね。テンポはあとでやればいいことです。それよりも両手の動きをゆっくりでもいいので丁寧にすることが大事。見た目だけでやると、音のクオリティ、両手のタイミングを考えていない。皆はテンポ重視で速く弾こうとするから、それでは下手になるために練習をしているようなものです。

脱力するための状況作りとアンプで練習する重要性

四月朔日　左手に力が入ってしまって、長く弾いていると手が疲れてしまうと言う人もいます。

トモ藤田　何もしないことが上達の掟です。力の入らない練習をしなければいけません。まずストラップの位置を、胸を張るとギターが少し上がり、両手で触らなくてもギターが動かない状態にします。ストラップをかけていないとギターが動くので、知らないうちに左手でギターを支えていることになります。それが不必要な力。あとはアンプを使わない人が多いけど、それが力強く弾いてしまう原因になる。アンプがあれば音が大きいから、触っただけで音がなるからソフトに弾ける。脱力するための状況作りをするべきです。ただ言葉で教えると、言葉の鵜呑みになってしまうので、ソフトに弾いていると信じ込んでいる人もいますから。

四月朔日　アンプを使ってある程度の音量を出すと、自分のピッキングが強いってわかりますよね。必要以上に弱く弾いた時に心地がいい瞬間ってありますよね。

トモ藤田　例えばアンプで、しかも凄く弱く弾くと既に僕の声よりも小さい。この時、指がフレットボードにこすれる音がするでしょ?これが、アンプが無かったとしても僕の心の中で鳴っているんです。

四月朔日　あと歪まないとギターが弾けない、という方が多くて、クリーントーンでソロ弾いて、と言ってもできない方が多いですよね。

トモ藤田　歪んでいると、ピックで強く弾いてもそれが聞こえません。音が崩れているので。

四月朔日　歪みは基本コンプレッションがかかっていますからね。

トモ藤田　クリーンだと全てが丸見えなので、弾きにくくなるわけですが、良い歪みのためにも、良いクリーントーンは大事だと僕は思うんです。例えばよくやるんだけど、歪みをオンにするとゲインが上がるのでスライドの音も強くなる。ピッキングのボリュームは4くらいだとほぼクリーントーンなの。で、問題点は、やっぱりアパートとかに住んでいるとこの音は出せない。なので、必然的に皆アンプ無しでやらなきゃいけないと思い込んでしまうので、そうするとイメージが無いので、どうやるかというと、皆ピックの音をバチバチさせて強く弾いちゃう。力強く弾いているので、ダイナミクスやタッチが、色気が全然ないよね。

トモ藤田　やろうと思えばアンプで音を出しても話し声くらいにできるわけですよ、アパートでも。こうソフトにやったらいいのに、度合いが分からないので、決めつけてしまうんだね。アパートイコールアンプがダメ、みたいな。

四月朔日　それでもどうしてもうちはアンプを鳴らせないという方はアンプにヘッドホンを繋げて弾く人もいらっしゃいますが、ヘッドホンでの練習についてはどう思われますか？

トモ藤田　悪くはないとは思うんだけど、でも、ヘッドホンがここ（耳元）にあるわけでしょう。ということは、距離感がないよね。確かに音は出ているけど難しいと思います。僕もfender champ 12で練習したことがあるんですが、やはりヘッドホンが安ければ安い音がするんです。それで僕はAKGの凄く良いヘッドホンで、オープンエア型を買ったんです。それは距離感があるので大丈夫です。だからスタジオに行く時も自分のヘッドホンを使うくらいです。よくスタジオでヘッドホンを片方外して生音を聴くでしょう。やはり感覚が取りにくいからですね。だからヘッドホンだけでは不十分だと思いますね。

四月朔日　あとトモさんの左手の横の移動速度がすごく速いと思いますね。それと人間は片手だけ力を入れることが難しいもので、右手の力が入っている人は大体左手も力が入っていたりするんですよね。

トモ藤田　そう、だから右手も力を抜きながら、リラックスしながら弾くのは初めは難しかったですね。やはり人間は両手の力は平均的になるようにできているんですね。だから変わったやり方だけど、僕はちょっと弾きにくい音量やバランスで練習します。弾きやすかったら練習にはならないと思うんです。これは偏見じゃないんだけど、ボストンにいたことも良かったと思います。なぜならボストンやニューヨークは、ライブは軽い感じでやるんですね。ロザンゼルスに住んでスタジオミュージシャンをやってたら、きっともっと機材が多くて凝ってしまうので、多分機材に頼っていたと思います（笑）。東海岸にいたから、ちょっとコンパクトになったのかな、タクシーで移動できるって感じだね。

■ヘッド上の３弦を押し込んでピッチ変化！

更なるベンドテクニックで表現力を無限化させる

四月朔日　トモさんと言えばベンドが特徴的ですが、ベンドした際ピッチを上げた状態で更に上下しますね。

トモ藤田　ほとんどのギタリストって、例えばAマイナーペンタトニックで3弦の5fと7fがあったとしたら、7fのほうをベンドしますよね。僕はベンドを使ってメジャースケールになるように練習しました。人差し指で弾いている低いほうの音もベンドしたりね。

四月朔日　それとベンドを変化させる速度もかなりコントロールされてますね。色気といいますか。

トモ藤田　これは僕のシークレットだけど、猫の鳴き声を真似したんだよ。これをできる限りずっとやるわけ。だから以前奥さんは、僕の気が狂ったかと思ったんだって（笑）。

だって同じことをずーっとやってるから、「あなた大丈夫？」「いやいや、研究しているんだよ」って。僕は凝り性なのが良かった。あと猫がいたから、真似しているとキョロキョロしたりする反応も見られた。３弦を弾き出したら3弦しかいかない。だってそこがもう重要な課題になってしまうから。

あとはこんなの……**（前頁写真：ヘッド上の3弦を押し込んでピッチ変化）**

弦や指が切れそうで怖いですね。

これは紙一重で、力強くやると指が切れる。最小限の力で止めているんです。2音上げる時は、複数の指で押してテンションを和らげます。表現力を高めたかった。ジャズかどうかはどうでも良かった。もちろん僕はジャズが好きでジョー・パス聴いてたし。でも、僕はバークリーを卒業した時に「ブルースが弾けない」ということに気づいた。そこからジャズを聴くのをやめて、ブルースだけを聴くようにしたら、歌とか叫び声が入ってきて、そこからこういう表現が発展した。すると表現力がつくので、色々聴けばできるようになった。ジャズのフレーズなんて3つくらいしか知らなくて、ネタが無かったので。メジャースケールではピッチを確認して、それからスライドギター風とか猫の鳴き声とか、雰囲気作りみたいなものをやる。正確にピッチをコントロールする部分と、フィーリングで弾くような部分を重ねてみる。ただ単純にブルーススケールでベンドしているだけではダメなんです。それでは普通なんで。

四月朔日
トモ藤田

例えば、ずっと半音、全音、1音半、2音、行って戻ってくる。1カ所で全部のベンドをコントロールする練習ができる。**（次頁譜面）**

四月朔日　これは凄く良い練習になりますね！

トモ藤田　耳で聞いてちゃんと間の音も正しく弾けるようにできないとね。これはいつも通信レッスンで教えているやり方です。まずコードA♭7(13)、A7(13)、B♭7(13)を弾く。コードを弾くときは力が入りやすいからソフトに。次に♭7thの音をベンドして各コードのトップノートにもっていくんです。こんな感じでコードをイメージしてやるんです。

■フレーズをチェック
音源はDVDからの抜粋です。

■ C7でのベンドによるピッチコントロールトレーニング 1

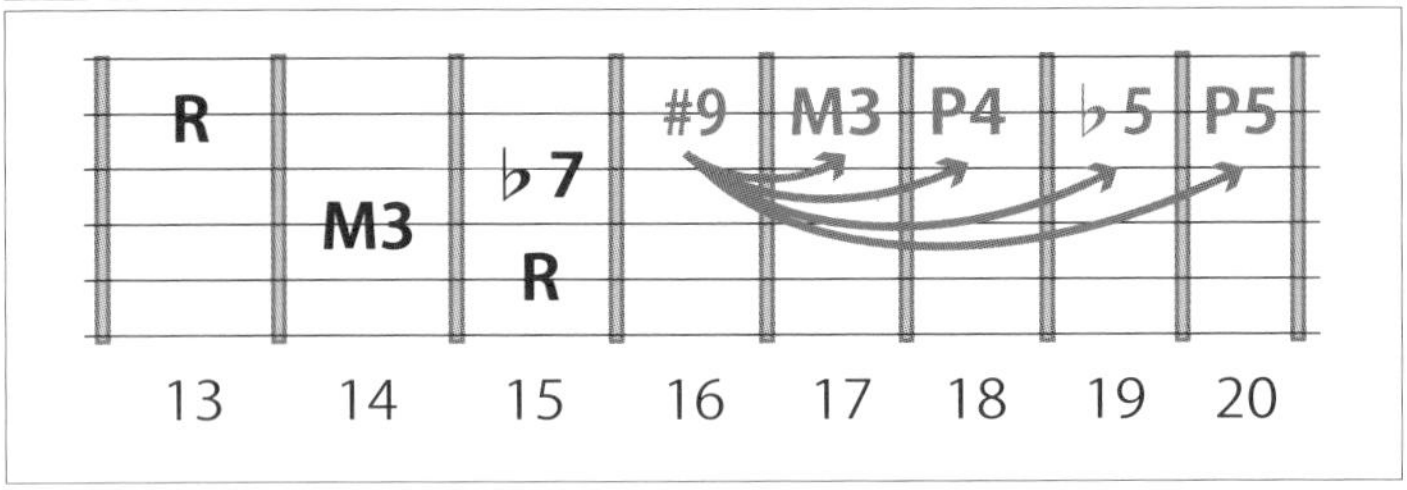

C7の時、2弦16fを半音ベンドで長3度に、ベンドで完全4度に、1音半のベンドで♭5度に、2音ベンドで完全5度の音になる。

■ B♭7でのベンドによるピッチコントロールトレーニング 1

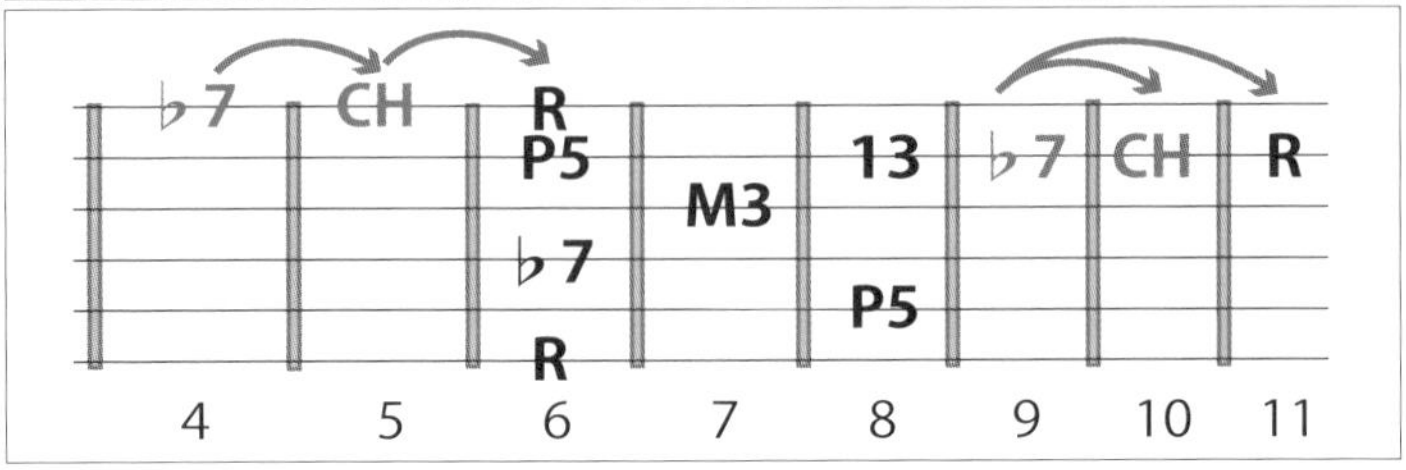

短7度の音(1弦4f及び2弦9f)をベンドし、Root音に向けてピッチを変化させている。どのポジションが何の音か把握すると同時に、正確に丁寧にピッチをコントロールできるよう練習しよう。

■ E♭7(9)でのベンドによるピッチコントロールトレーニング 1

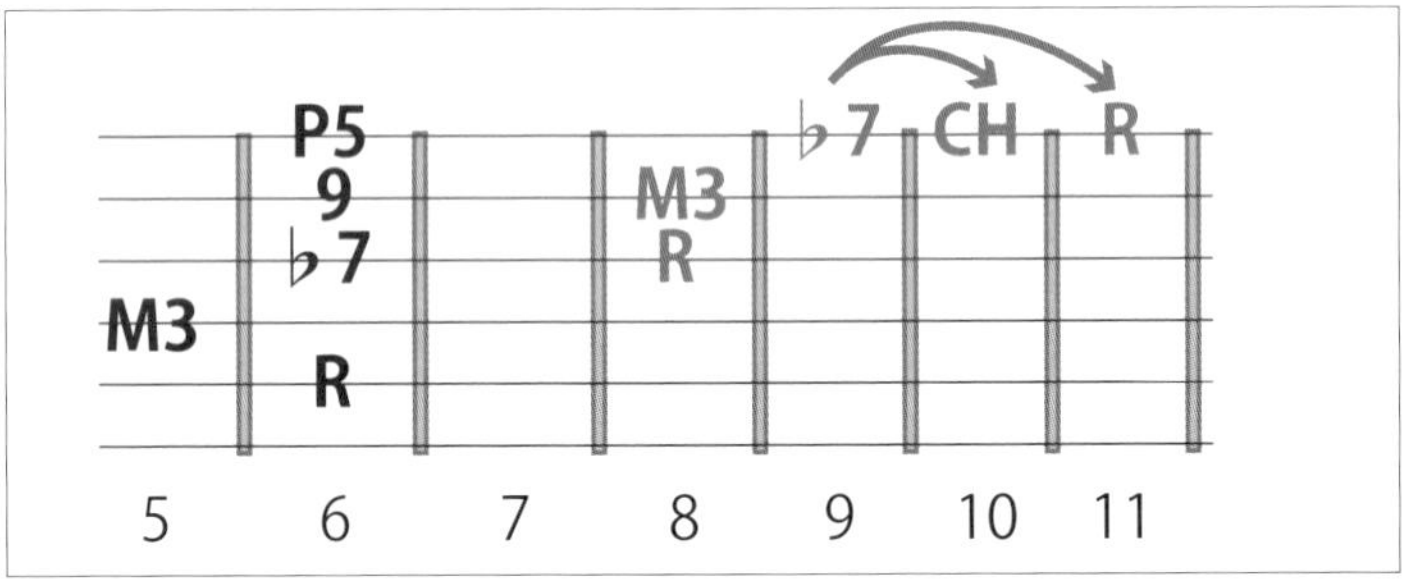

こちらも短7度をベンドさせてRoot音に向かっている。ベンドしている際もメロディを弾いている事を意識して弾こう。

KANJI WOOD CARVING & MUSICAL INSTRUMENTS

川畑 完之

Signature Guitar 製作者に聞く

トモ藤田について

シグネイチャーモデルの話はトモさんからのオファーではなく、僕からの提案でした。トモさんの演奏能力の高さに見合う楽器というのを僕自身が職人として作れるか腕試しをしたかったんです。それで、トモさんに「1本買ってください。気にいらなかったら何本でも作り直します」と伝えたところ、トモさんは1本目でこれでOKと。結局トモさんはそのギターをここ数年使っています。トモさんのライブを見たお客さんから「同じギターを作って下さい」と言われて、それでトモさんが「完之君、これを僕のシグネイチャーギターにしよう」と提案があったんです。

それと、トモさんの個人レッスンを受けた事があるんですが、生音を聴いたときに大きな音から小さい音までキチンと鳴らせていることに驚きました。木工でも同じなんですが、派手なことをやるのは簡単。でも派手なものをきちんと派手に見せるには凄く地味な土台を支える基礎がとても大事です。例えば簡単なスケールを弾いただけでも人が感動させるのはとても難しいこと。トモさんは基礎がちゃんとできていて何を弾いても上手に聴こえるのが凄い。サウンドチェックで普通にコードストロークを弾いているのを見るだけで、本当にこの人は上手いと感動しています。トモさんからはSkypeで話していると色々なアイディアを提案されるので、それを実現するお手伝いが今後も出来たら良いなと思います。

3章

トライアドの先へ

トライアドを身につけると自由な発想の演奏が実現する

トモ藤田　僕がトライアドに注目したのはシンプルな音使いで、例えば低いところでド、ミ、ソ、次はミ、ソ、ド。ソ、ド、ミ。要するに基本形があって、ROOTポジション、1stインバージョン、2ndインバージョンと3つしかないのね。だからコードのサウンドになったり、スケールの一部分になったりするからとても好きなんです。ただ、パターンが見えてくると、パターンに頼ってしまって音が聞けなくなってしまう。例えばCで縦の動きをすると【ソドミ】【ミソド】【ドミソ】【ソドミ】なんですが、これを**一回弾いて音を止めて**、次を弾いても音を止めて、なるべく**親指の位置も変えてみるんです。**一番良くないのは「形」でやっているだけの練習。つまりそれぞれを止めないでただ順番に弾いている状態。

トップノートを意識してメロディを感じることが大切です。
この練習の中でノイズを出さないことも狙いのひとつです。

■Cのトライアド（縦方向）

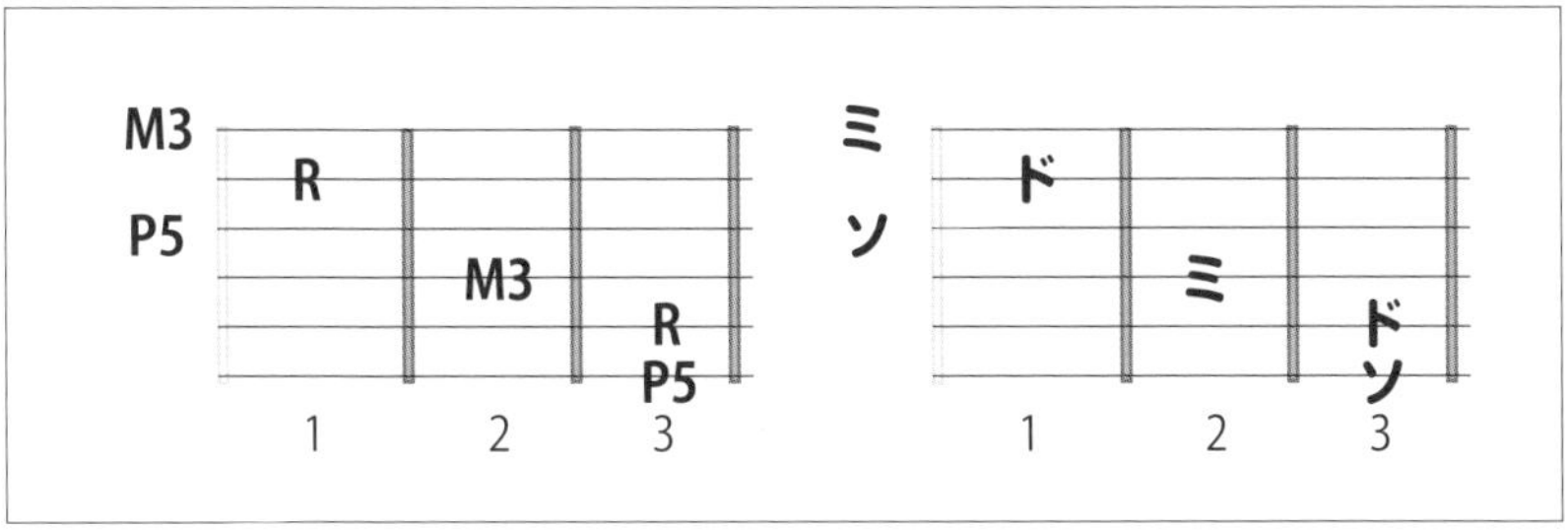

1～3弦ソド**ミ** (2nd インバージョン)、2～4弦ミソ**ド** (1st インバージョン)、3～5弦ドミ**ソ** (Root ポジション)、4～6弦ソド**ミ** (2nd インバージョン) となります。

■Cののトライアド（縦方向）

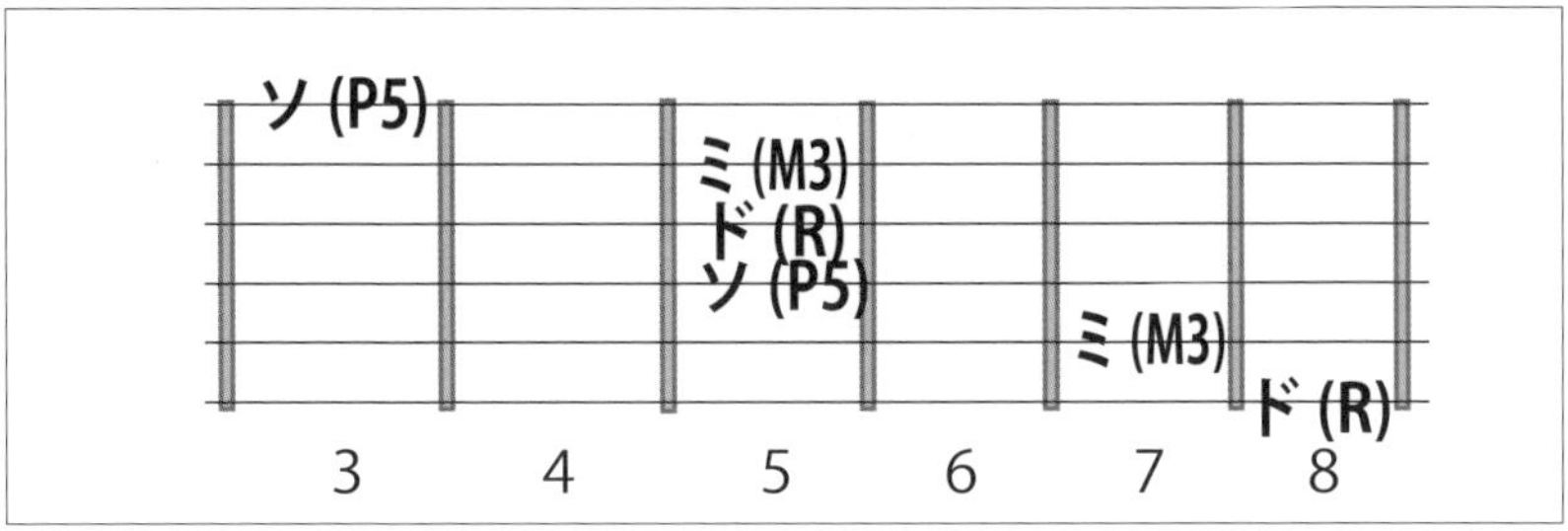

1～3弦ドミ**ソ** (Root ポジション)、2～4弦ソド**ミ** (2nd インバージョン)、3～5弦ミソ**ド**、(1st インバージョン) 4～6弦ドミ**ソ** (Root ポジション) です。

■Cののトライアド（縦方向）

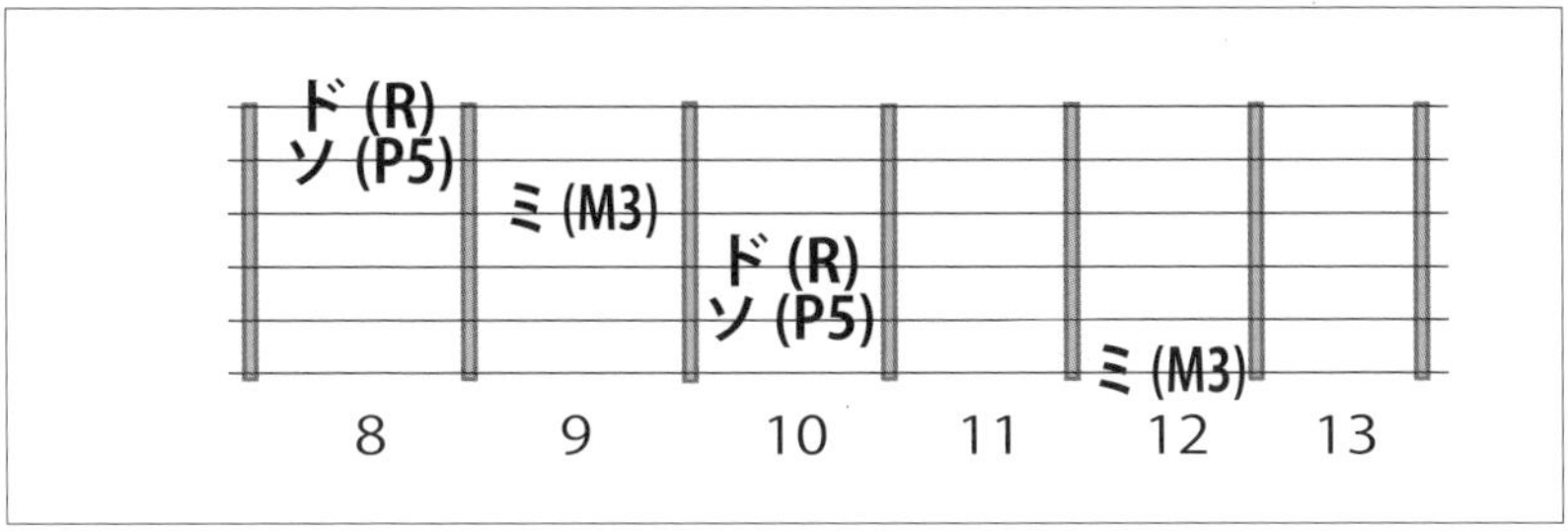

1～3弦ミソ**ド** (1st インバージョン、2～4弦ドミ**ソ** (Root ポジション)、3～5弦ソド**ミ**、(2nd インバージョン) 4～6弦ミソ**ド** (1st インバージョン) です。

■1～3弦でCのトライアド（横方向）

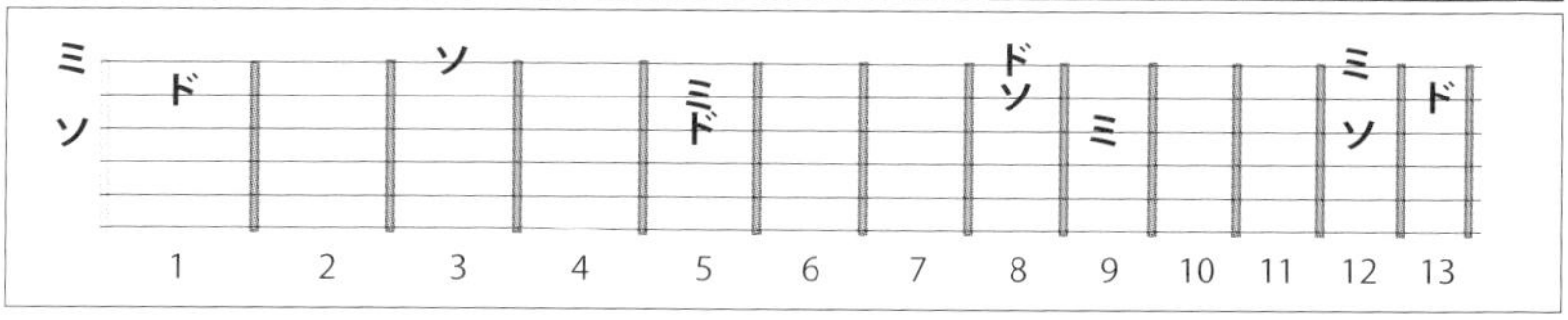

2nd インバージョン (0 ～ 1f)、Root ポジション (3 ～ 5f)、1st インバージョン (8 ～ 9f)、2nd インバージョンの 1 オクターブ上 (12 ～ 13f) と移動の際にノイズが出ないようにポジションチェンジの際左指を離して移動しよう。TOP ノート (ミ→ソ→ド→ミ) や各度数も意識しよう。

■2～4弦でCのトライアド（横方向）

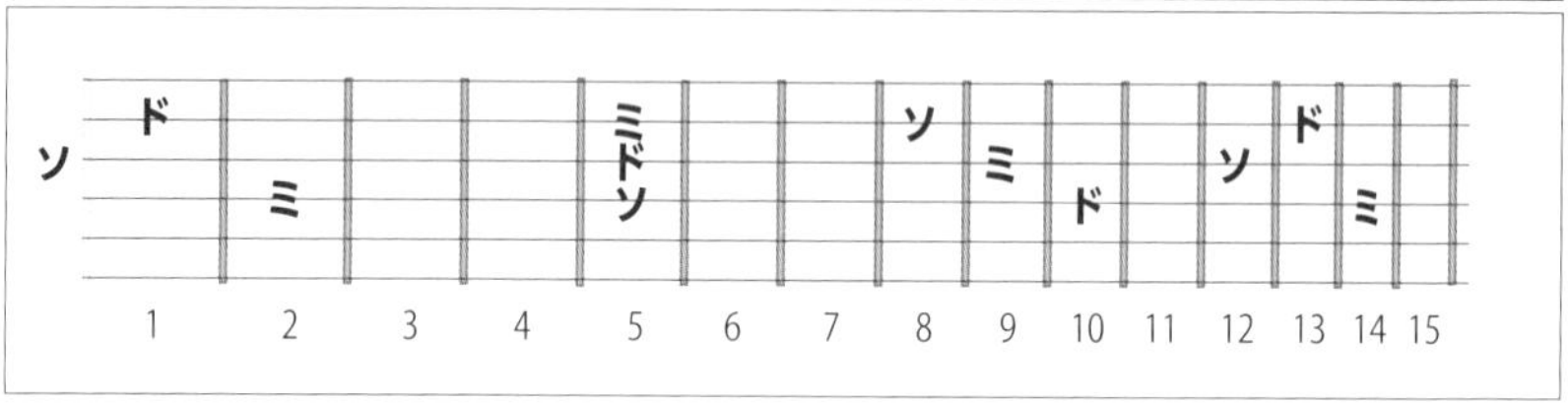

1st インバージョン (0 ～ 2f)、2nd インバージョン (5f)、Root ポジション (8 ～ 10f)、1rd インバージョンの 1 オクターブ上 (12 ～ 14f) と移動の際にノイズが出ないようにポジションチェンジの際左指を離して移動しよう。TOP ノート (ド→ミ→ソ→ド) や各度数も意識しよう。

■3～5弦でCのトライアド（横方向）

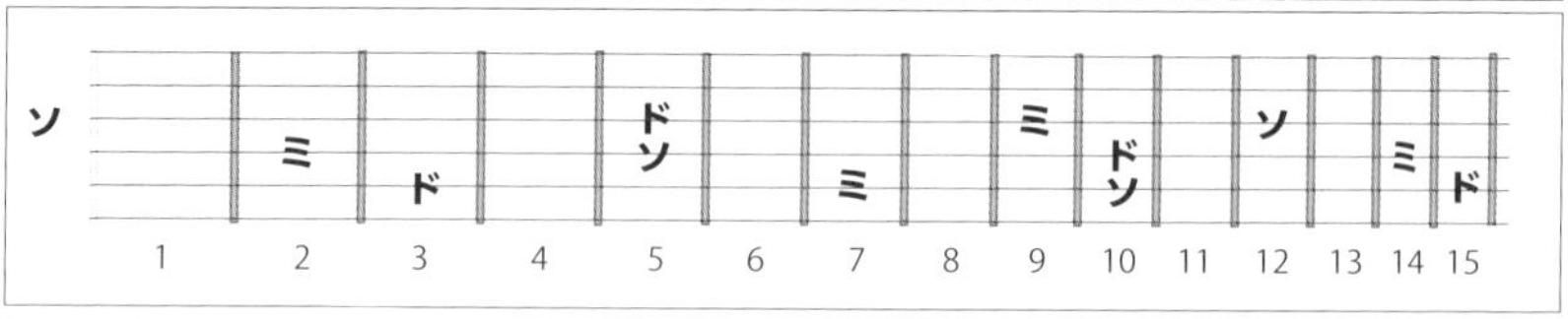

Root ポジション (0 ～ 3f)、1st インバージョン (5 ～ 7f)、2nd インバージョン (9 ～ 10f)、Root ポジションの 1 オクターブ上 (12 ～ 15f) で 5 弦は音が太いのでソフトに弾こう。TOP ノート (ソ→ド→ミ→ソ) や各度数も意識しよう。

■4～6弦でCのトライアド（横方向）

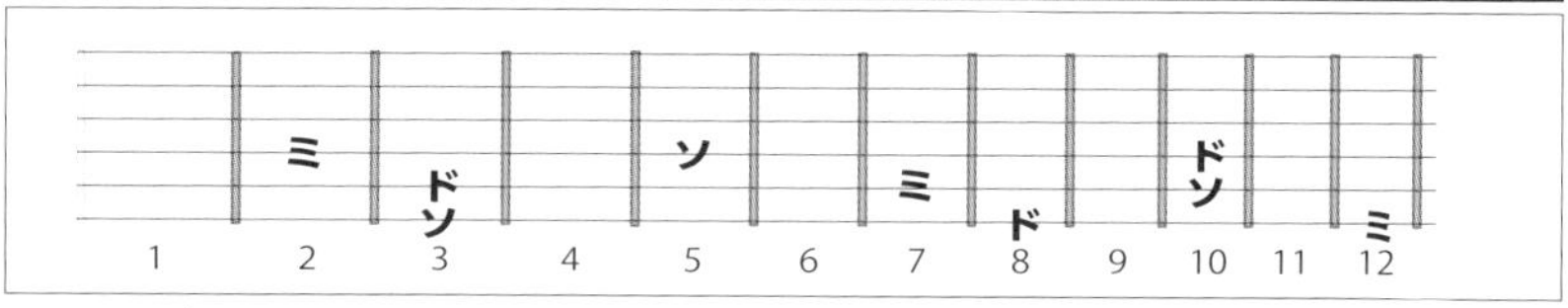

2nd インバージョン (2 ～ 3f)、Root ポジション (5 ～ 8f)、1st インバージョン (10 ～ 12f) で 5 ～ 6 弦は音が太いのでソフトに弾こう。TOP ノート (ミ→ソ→ド） や各度数も意識しよう。

■Cのトライアド Root ポジション

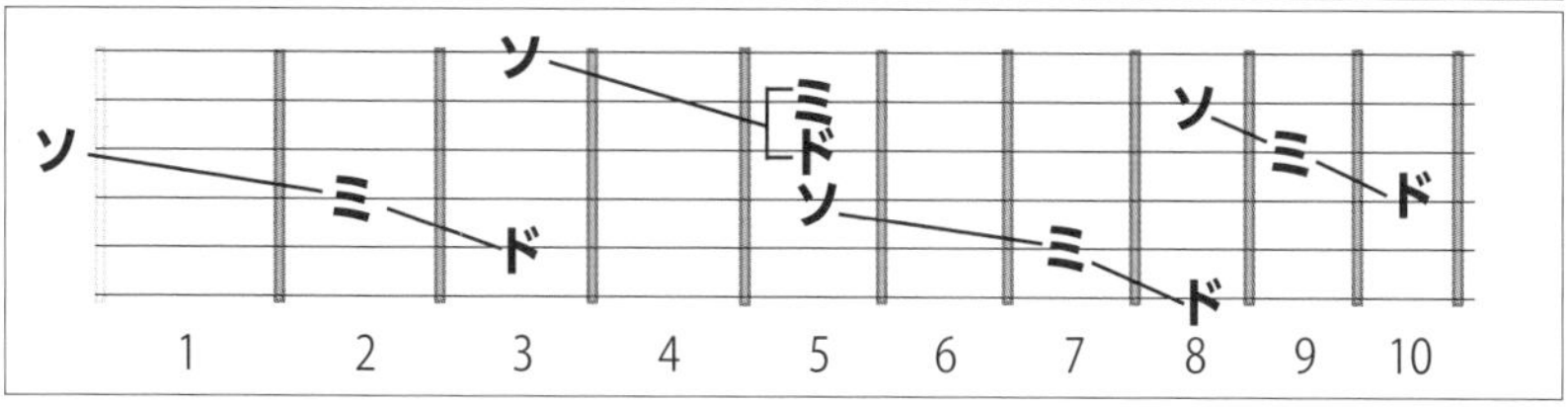

ドミソという音の配列でソがTOPノート。コードCにおけるソは完全5度(P5)である。

■Cのトライアド 1st インバージョン

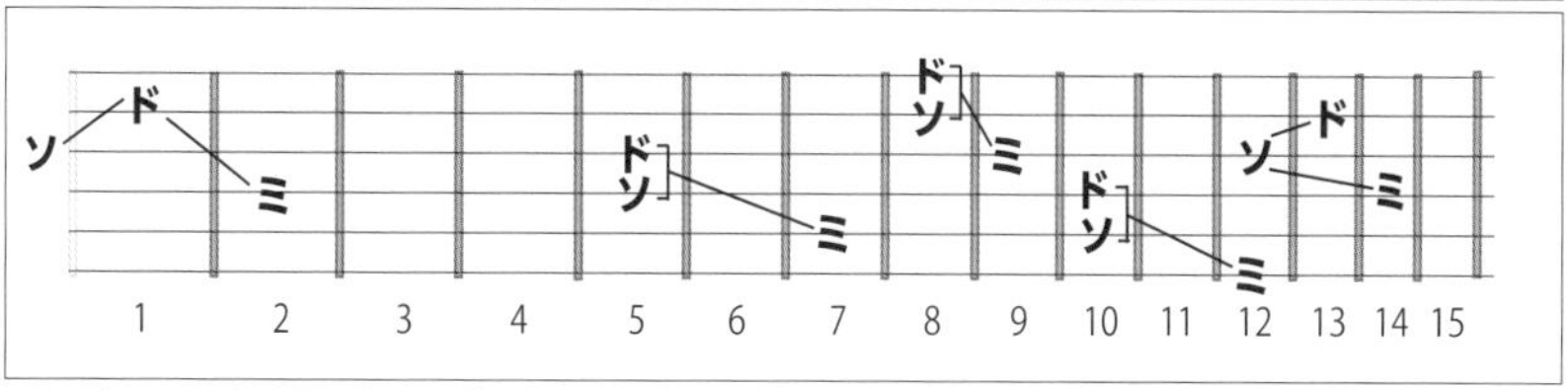

ミソドという音の配列でドがTOPノート。コードCにおけるドはRoot音(R)である。

■Cのトライアド 2nd インバージョン

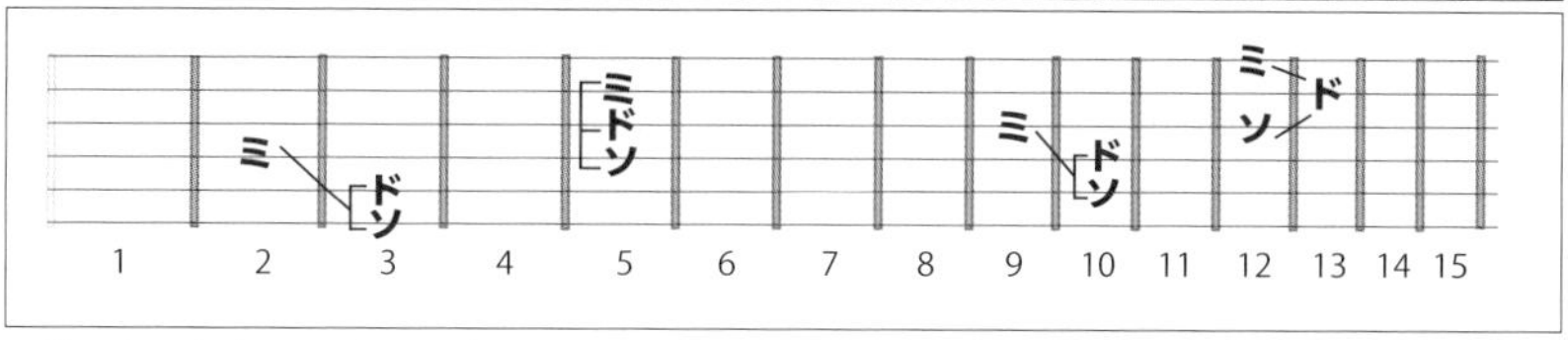

ソドミという音の配列でミがTOPノート。コードCにおけるミは長3度(M3)である。
このようにトライアド内の音と度数、指板上の位置関係を体に入れておこう。

TOW ZONE
EMERGENCY
ARTERY
during
SNOW
EMERGENCY

トモ藤田　シンプルな曲をトライアドだけで弾いてみるとか、度数を感じることがとても大事ですね。

四月朔日　トライアドができれば、知らない曲をいきなり渡されても、初見でソロを弾くことができますね。めちゃくちゃな転調をしていても、音楽的かどうかは別にして、とりあえず弾くことはできる。

トモ藤田　そうだね。例えばこんなコード進行（**次頁**）があるけどコードが多いですよね。もちろんペンタトニックでもいけるんですけど。これがトライアドだとコード感が出せる。四月朔日さんが言ったようにコードさえ分かれば知らない曲でも、合うサウンドは作れますね。

Bm | F#7 | A | E |

G | D | Em | F#7

■ Bmのトライアド応用例

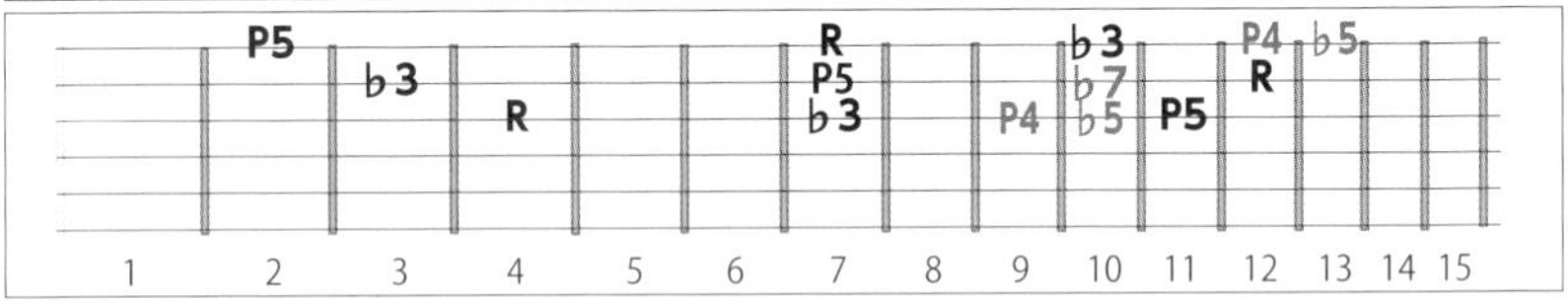

■ F#7のトライアド応用例 1

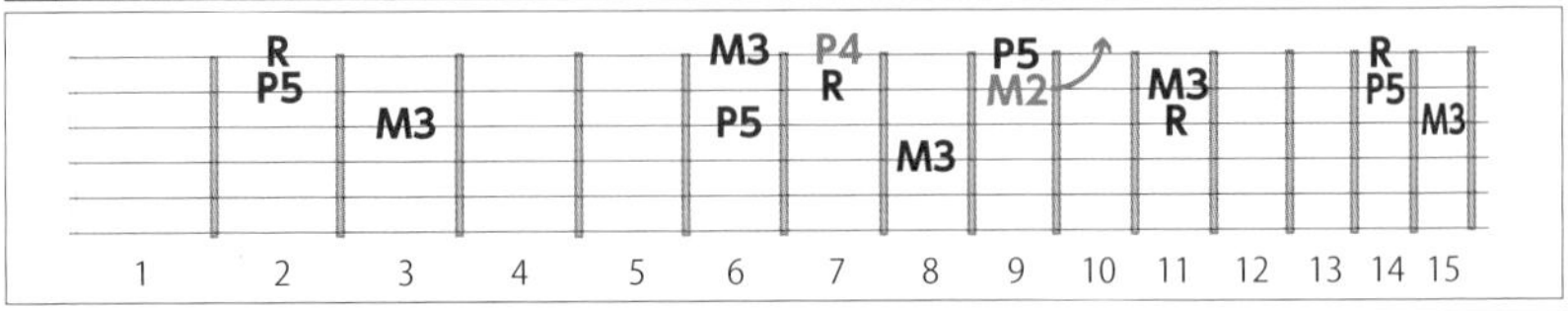

■ Aのトライアド応用例

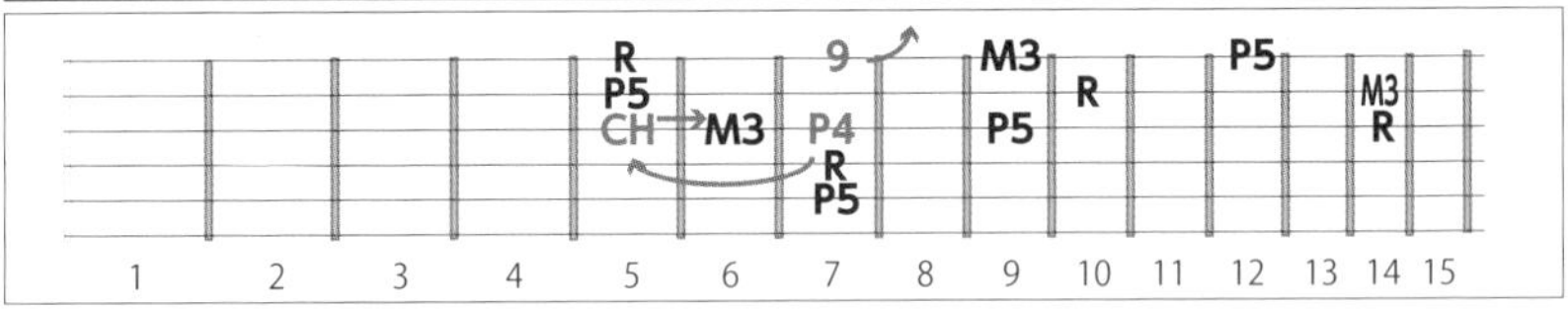

■ Eのトライアド応用例

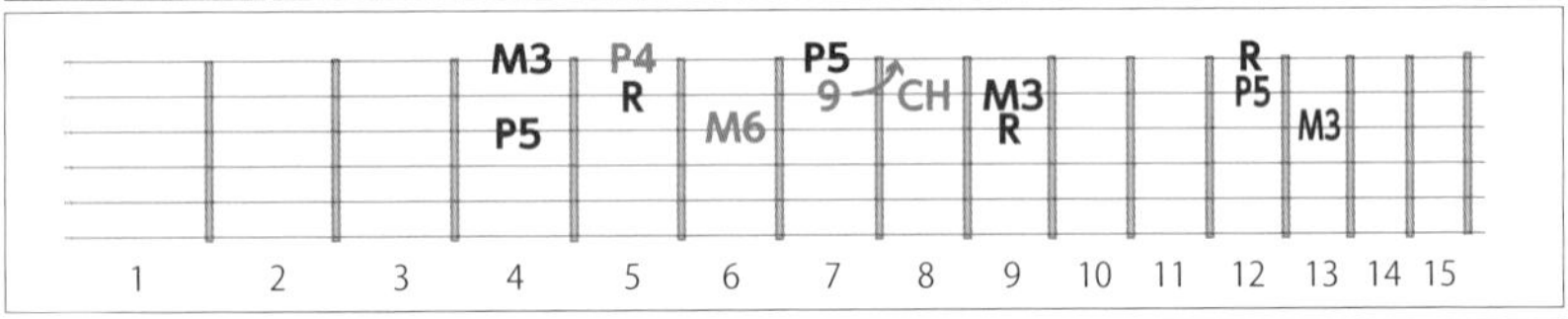

■ Gのトライアド応用例

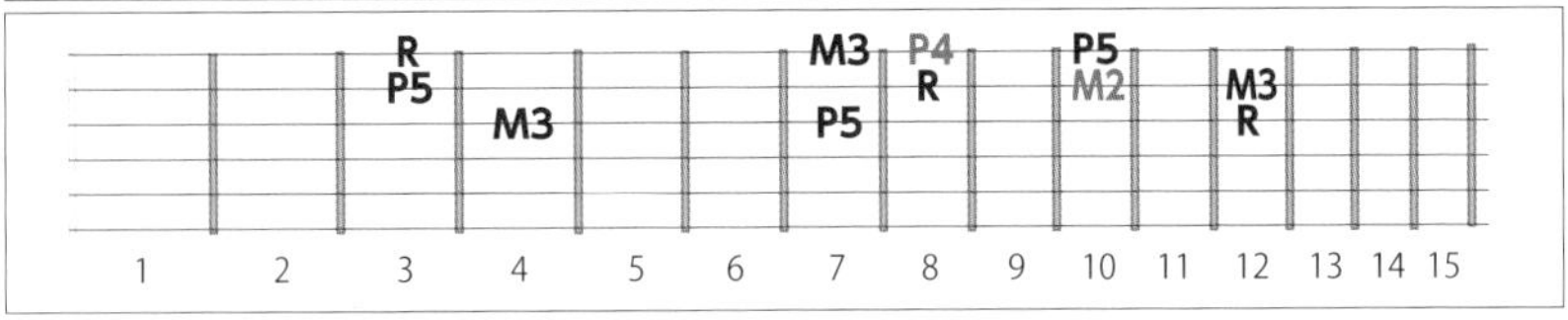

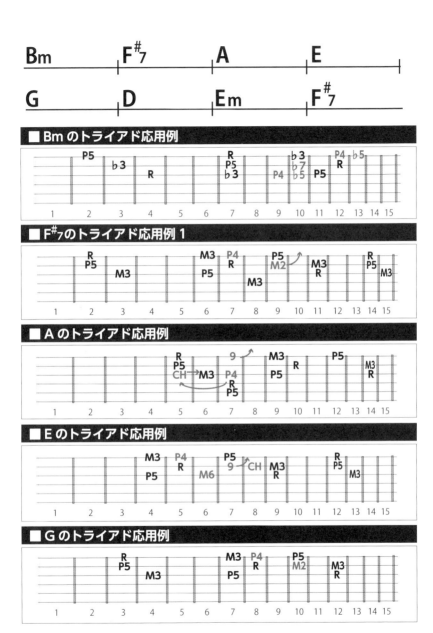

■ D のトライアド応用例

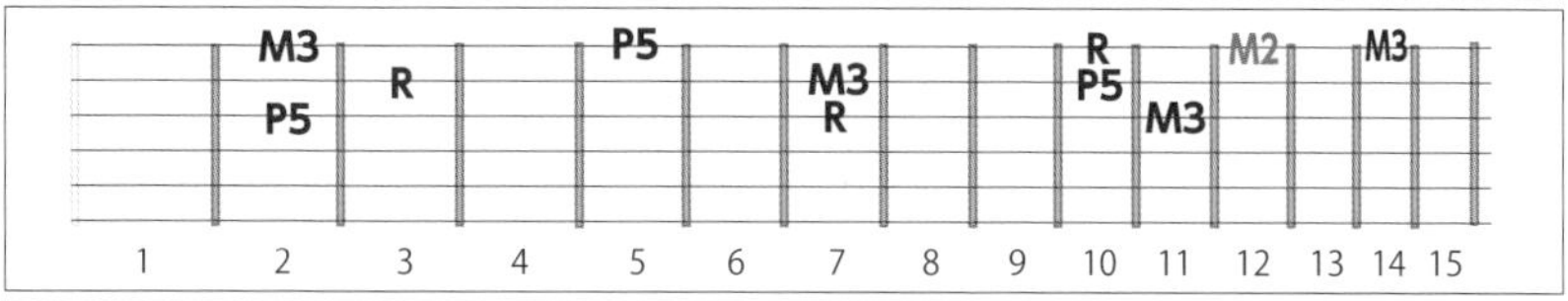

■ Em のトライアド応用例

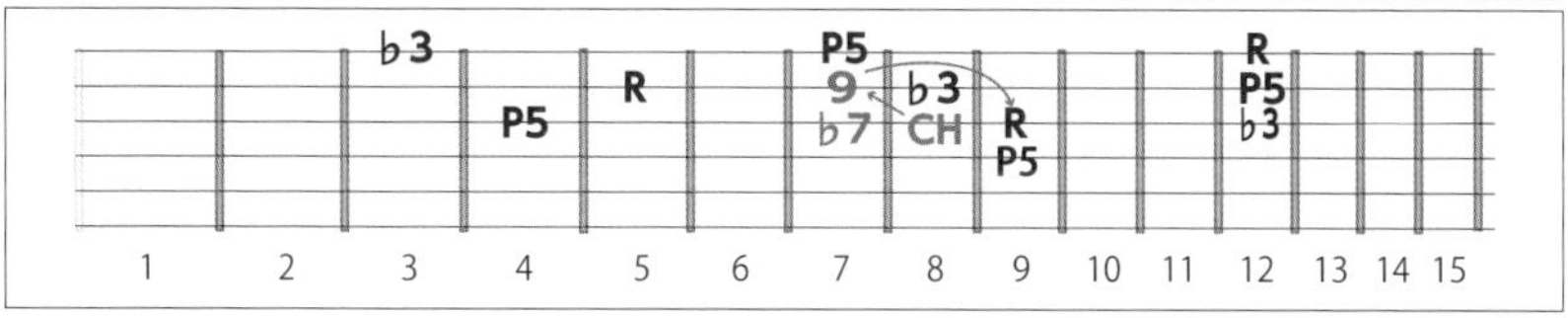

■ $F^{\#}_{7}$ のトライアド応用例 2

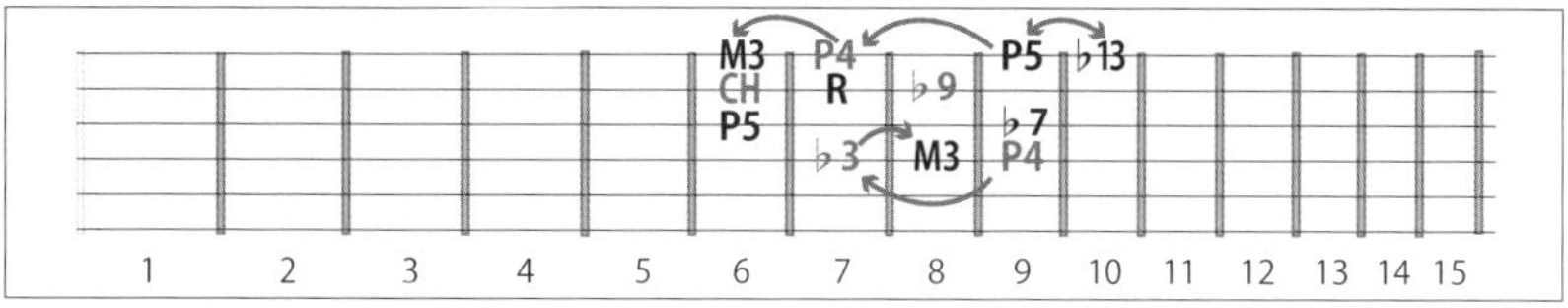

■フレーズをチェック
音源は DVD からの抜粋です。

トライアドの先にあるメロディ作り

四月朔日　トライアドをある程度把握できたなら、次は「連結する」作業ですね。歌として、メロディとして、どう音楽的に繋げていくかという話です。次のコードをイメージしながら、「次はBmだな」と思ったら、このポジションが近いところのメロディをイメージしながら弾いていますか？

トモ藤田　完全にメロディをイメージして、コードは自然についてきて、あまりトライアドを考えなくてもできます。普通はトライアドを考えすぎて、トライアドの形とその周りに音をつけようとするので結局、形に頼っていることになる。でも自然にできるようになるまでに、少しは機械的にならなければいけない部分もあります。

四月朔日　例えばA7の時、ちゃんとC#（長3度）とかトライアドを弾いて、次にコードD7ではCの音（短7度）に行きたいじゃないですか。それをわかってほしい。

トモ藤田　四月朔日さんが言ったコードD7に行ったときに、僕はRoot、3rd、5th、♭7の音とか、聴けば分かります。そこが分からない人は、まだ形にとらわれてしまう。

四月朔日　だからスケールで覚えてほしくないな、と僕も思います。

トモ藤田　トライアドでやることによって、コード感が分かりやすいし、トライアドは3つのポジションがあって、自由に弾けるようになるためには、ポジションを学ばなければいけない。覚えるのではなくて。僕、バークリー卒業してレゲエのバンドで毎週海のそばで演奏していたんだけど、最後の曲がGmしか出てこないの。それを15分もやるの（笑）。さすがに15分はできない！　だからトライアドを覚えたんだ。例えば、コードDでしょ、F♯ね、で、D。これってね、ピアノだとできなきゃいけないの。ピアノはどのポジションでも、弾けるのが当たり前。トップが聴こえてる。**（次頁）**

生徒さんにこれをどこでもできるように教えたあと、次の週には同じコード進行で形が全然変わるキーをわざとさせてみると、皆できない。皆、簡単なことがいかにできないか。でも繰り返すと慣れてきて、歌心がついてくる。トライアドから歌えるようになるには、この作業は必要。

「これをやれば歌えるようになる」という答えはない。

いきなり難しいコード進行をやるより、昔のポップス、バラードなどの少しコード感がある感じのコード進行のものに合わせてみるといい。例えばこんな感じで少し発展させてみると。**（次々頁）**

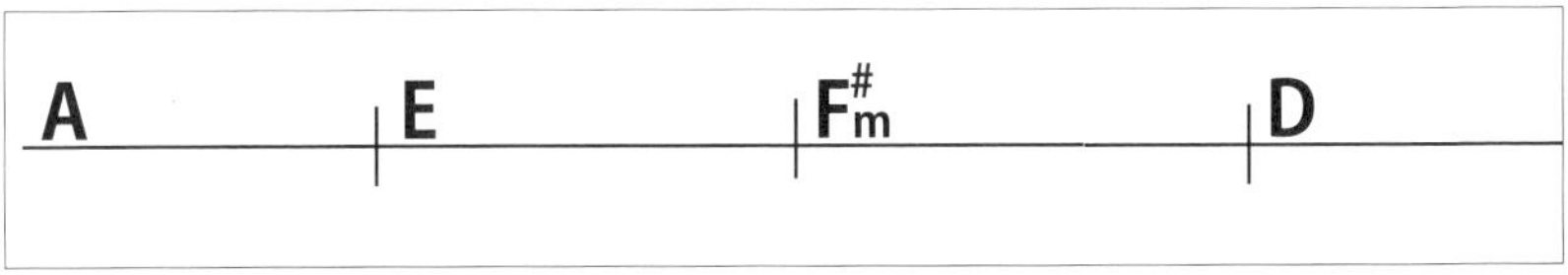

■1～3弦におけるAのトライアド

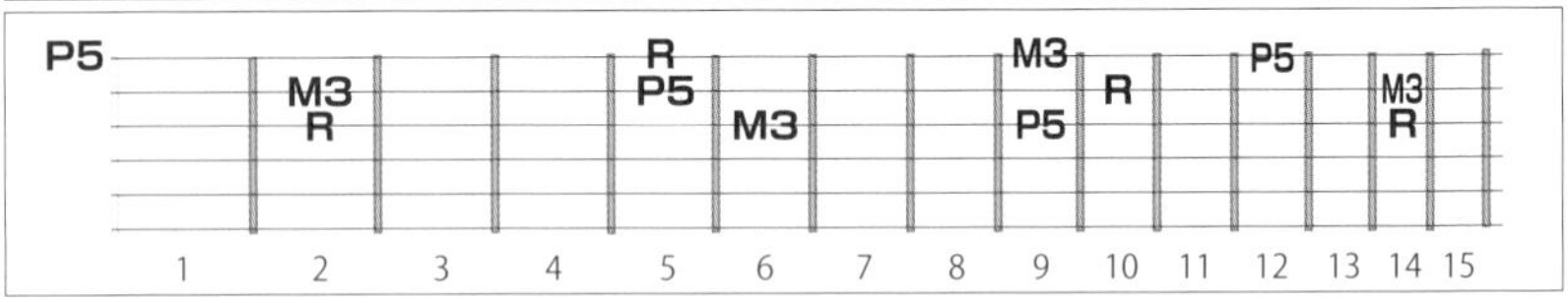

■1～3弦におけるEのトライアド

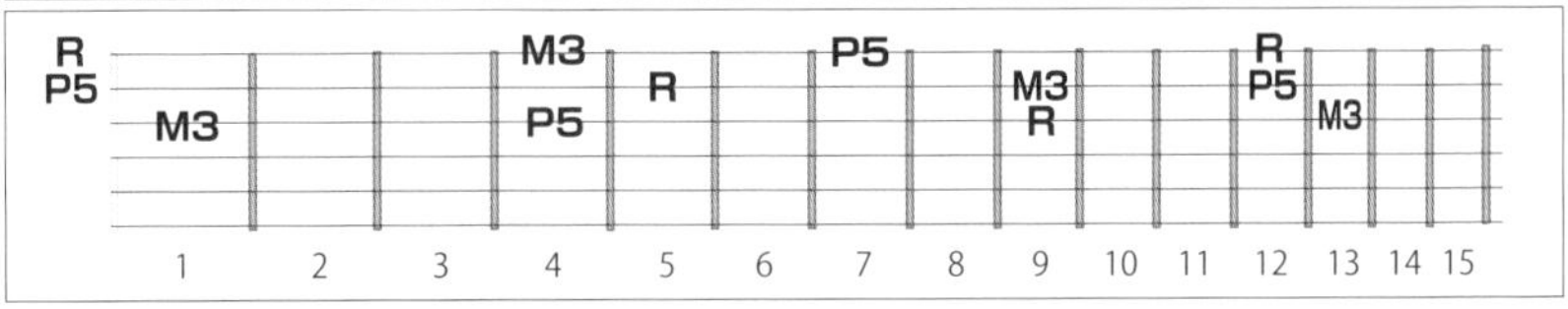

■1～3弦におけるF#mのトライアド

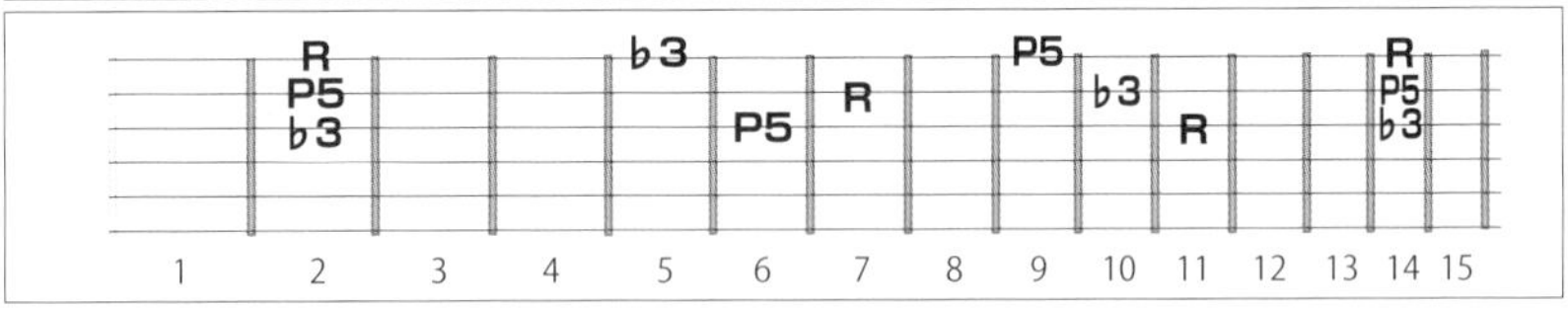

■1～3弦におけるDのトライアド

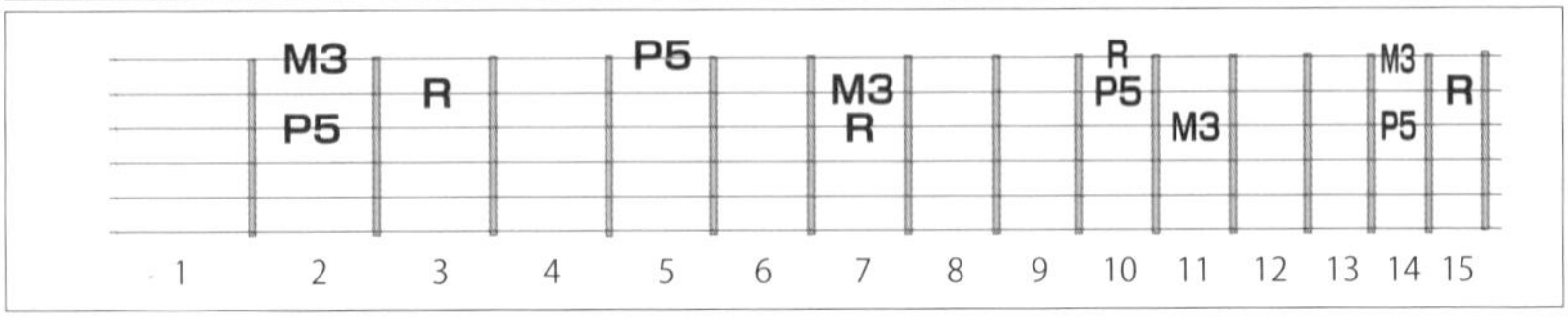

伴奏はTOPノートをメロディと感じるように意識してトライアドを弾こう。
シンプルながら歌や主旋律に対するメロディセンスが鍛えられるトレーニングだ。

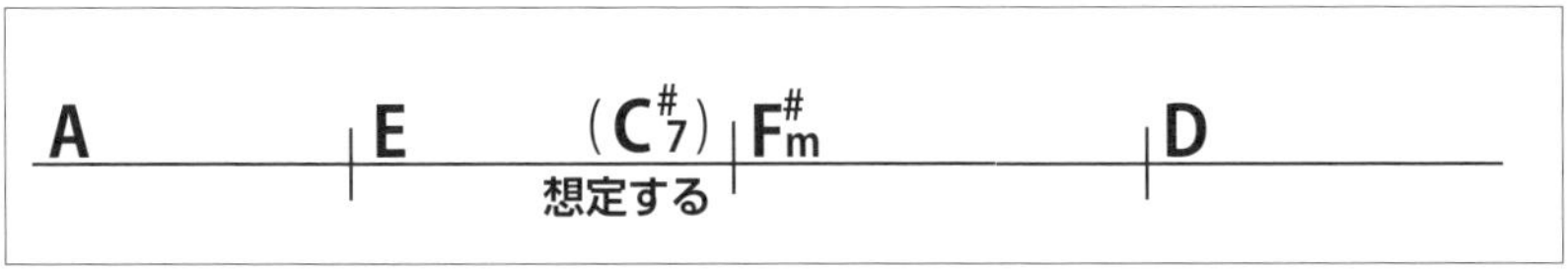

■Aのトライアド発展例

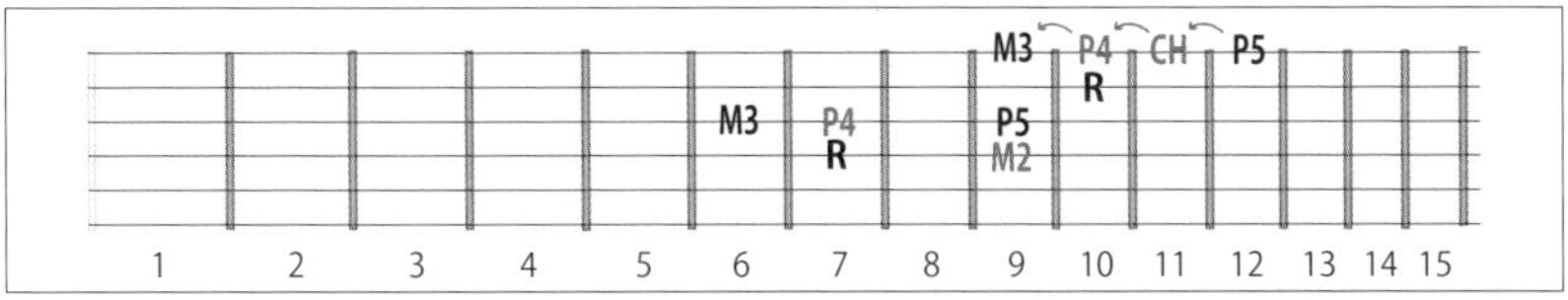

■Eのトライアド発展例

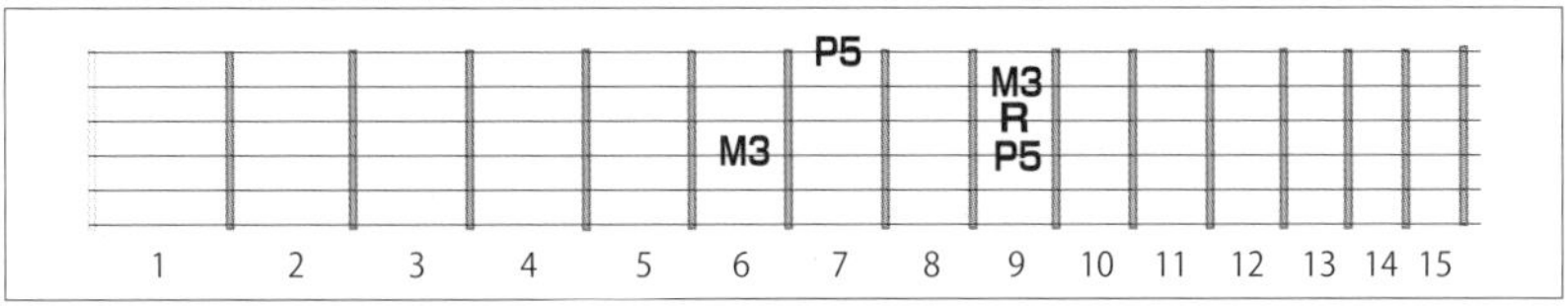

■C#7のトライアド発展例

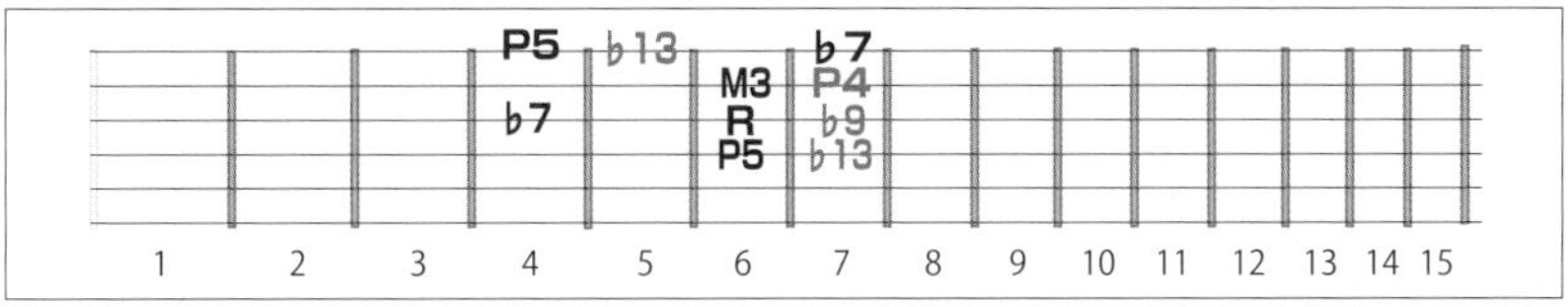

■Dのトライアド発展例

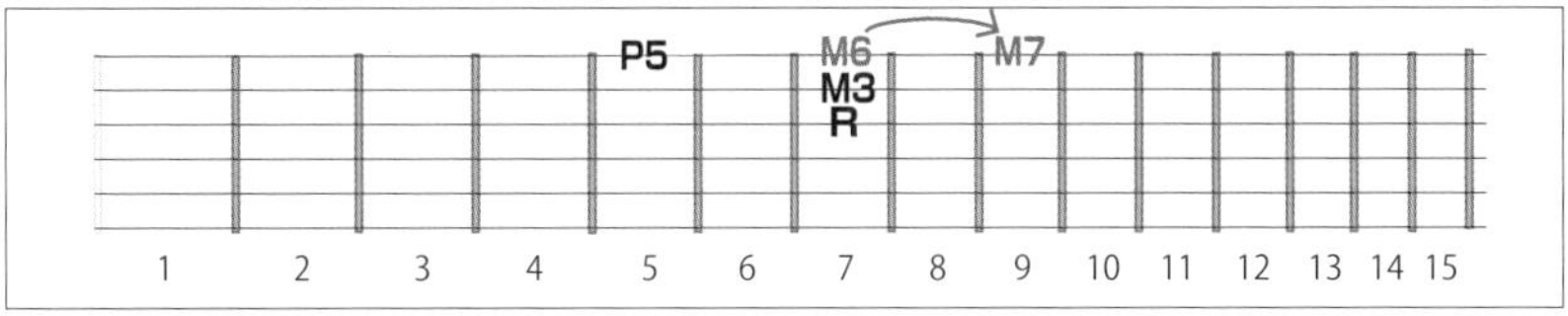

2小節目の後半でC#7を挿入させてドミナントモーションを作り出しています。
トライアドは安定、♭9、♭13などのオルタードテンションは不安定ですが、刺激的なトーンです。トライアドとバランスを取ってメロディを作ろう。

■フレーズをチェック
音源はDVDからの抜粋です。

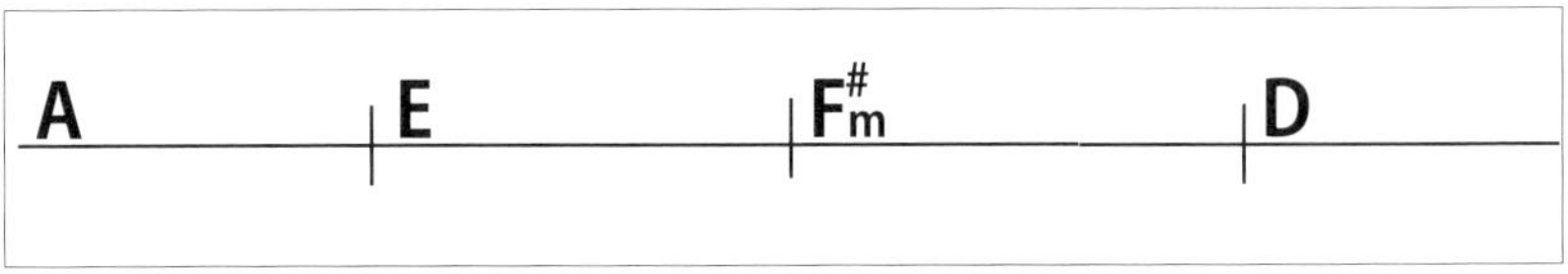

トモ藤田　弾かないのもいいと思う。弾くために一応練習はしておくんだけど、弾くところも弾かないところもあっていい。トライアドで間違ってはいけないのは、弾かなければいけないと思ってしまうと練習曲みたいになってしまう。リピートできるようになるのはいいけど、全部使わなくてもいいということを知ってほしい。

四月朔日　トップノートを自由自在に変えられたら面白いなと思います。

トモ藤田　例えばバラード、R&B、ソウルの伴奏でトライアドを使って弾くと……。**(次頁)**弾かない部分もあって、本当は知識があるから弾けたのに弾かなかった。なぜかというと、弾かない方がおしゃれだと思ったから。普通は皆弾いちゃうから、あえて弾かないで。で、2回目に弾くと、ひょっとしたら効果的だよね。

■Aのトライアド複弦からの発展パターン

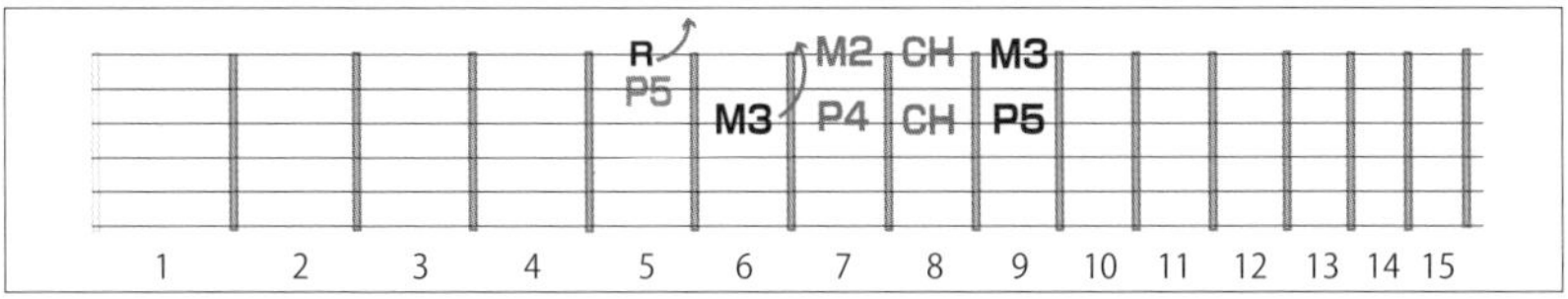

■Eのトライアド複弦からの発展パターン

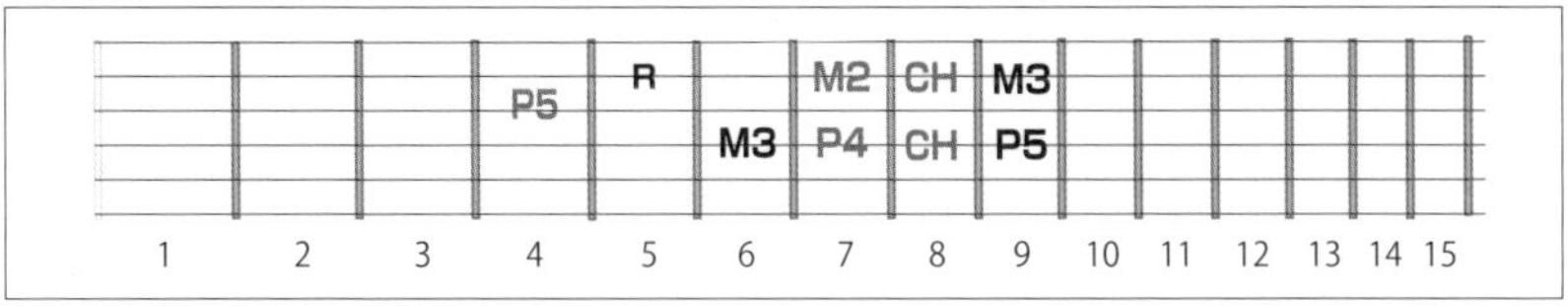

■F#mのトライアド複弦からの発展パターン

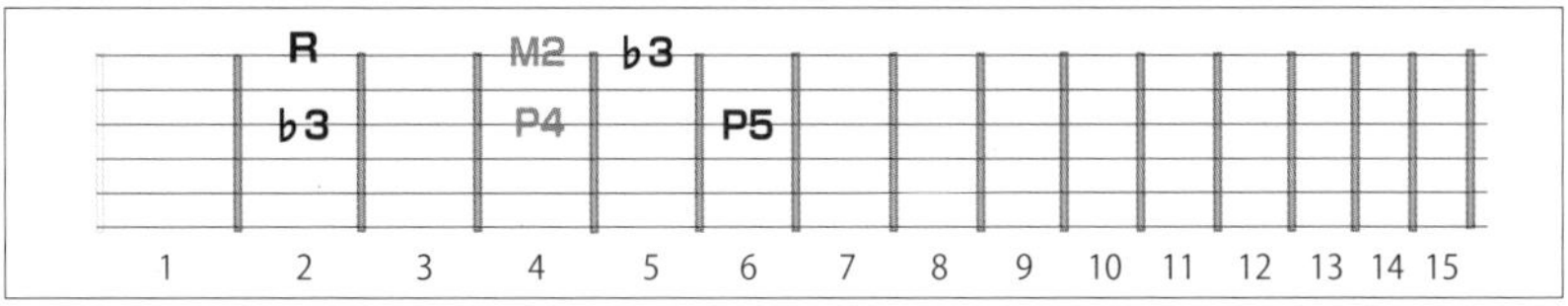

■Dのトライアド複弦からの発展パターン

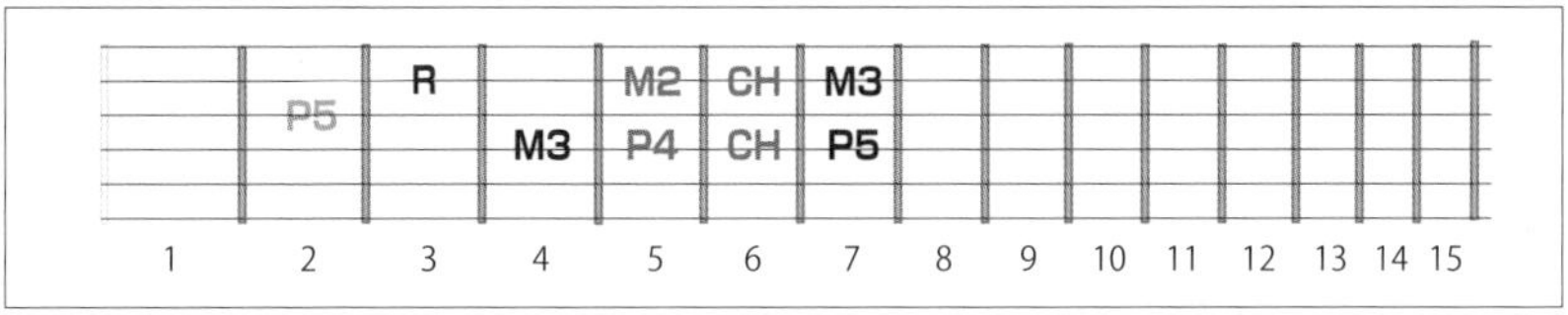

各コードのトライアド複弦からの発展パターンです。TOPノートは何の音か、各コード、各弦の音が何度の音か、把握しよう。また、大切なのはメロディを感じることと、弾きすぎないことです。

■フレーズをチェック
音源はDVDからの抜粋です。

4章

トモ藤田流 実践ソロアプローチ

7thコード一発時のアプローチアイディア

トモ藤田

一発というのは、コードが1つということなんですが、僕の中ではジャズとかファンクとか全て含めて、コードが1つというのが一番難しいと思っています。いろいろアイディアはあるけど、どれをどこまで出すかで結果が変わってくるので、その場で決めるのが難しい。民族的な感じにもジャジーにもできるし、マイナーっぽくもドミナントっぽくもできるしポップにもブルージーにも、シンプルにも複雑にもできる。例えば何か弾いたとして「それはリディアン♭7thスケールなんですか？」とか聞かれるんだけど、そこで「はい」とは言えない理由は、スケールを考えながら弾いていないから。僕はジャズだけになったりブルースだけにならないようにしている。例えばトップノートからアルペジオっぽく弾いたりブルースを入れたり。ゆっくりやってきたことがその場で速くできるようになって、皆それを見るとすごいな、とびっくりしてくれる。でもこれをもっとゆっくりやれば、そんなに難しいことはしていない。

■ E7 一発のアイディア例 1

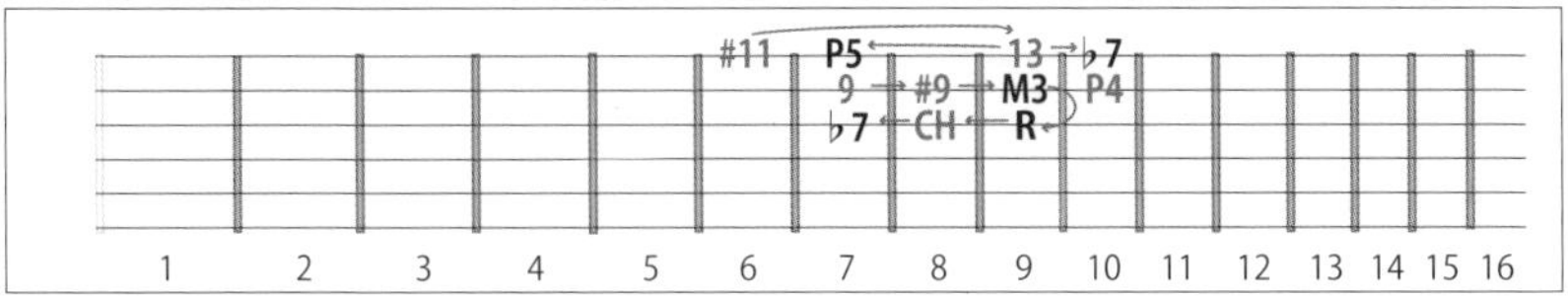

1 弦 9f → 10f → 6f → 9f → 7f で 2 弦 10f → 7f → 8f → 9f で 3 弦 9f → 8f → 7f という動き。

■ E7 一発のアイディア例 2

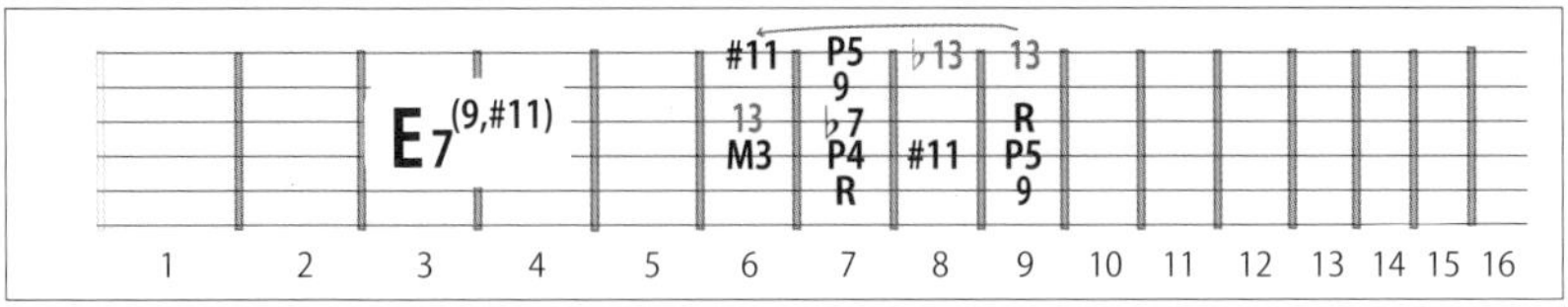

1 弦 9f → 8f → 7f → 6f → 9f → 6f で 2 弦 7f → 3 弦 7f → 4 弦 8f → 3 弦 6f → 4 弦 9f →
5 弦 9f → 4 弦 7f → 6f → 3 弦 9f と Root に戻るパターン。

■ E7 一発のアイディア例 3

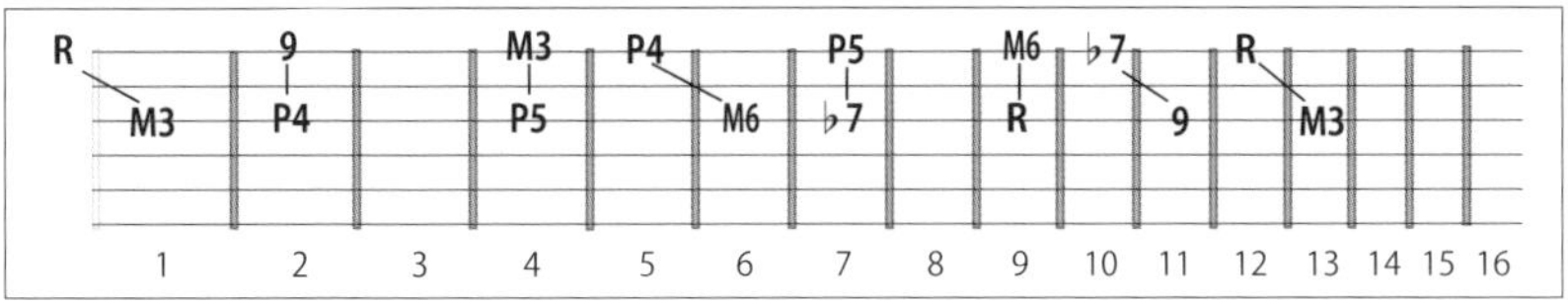

1&3 弦によるパターン

■フレーズをチェック
音源は DVD からの抜粋です。

トモ藤田

難しいのは、フレーズやアルペジオを弾いているところも常に半音が入っているところ。どんなリズムからでもどんな指からでも入れるように練習をしているんです。それを微妙に変えているから、皆、僕が弾いているフレーズが分からないのだと思う。基本的にはチャーリー・クリスチャンなんです。コードの音を裏から弾いたりとか、基本的にはコードの音です。その間にクロマチックを入れたり。

これを僕はアプローチノートって言って、色々法則はあると思うけど、それを完全に無視して自分なりにやっています。法則にのっとってやろうとすると、練習っぽくなってしまうのが嫌で。クロマティシズム（半音階主義）とかね。ただ音を聴きながらメロディを発想して弾いているだけ。メロディが聴こえなかったら弾かない。スケールや指の動きだけで覚えている人は、頭にメロディが聴こえていなくても弾こうとする。そこが間違っている。ベンドをゆっくりやって止めたり、フレージングを考えて、途中からクロマチックを入れて、ジャズっぽくなる。聴こえている範囲でやっていて、そろそろ良いかな、と思ったらブルースに戻る。分かりやすいでしょう。

コード進行でのアドリブ・アプローチアイディア

トモ藤田　可哀想なことに、僕のプリンスという犬が亡くなったんだけど、よく散歩に行ってたんだ。ジミ・ヘンドリックスの「リトル・ウイング」という曲があるでしょ。あの曲のアドリブを散歩中によくやったよ。歩く速度を少し早めたくらいのテンポでね。犬が歩いてテンポをキープしてくれるわけ（笑）。湖のそばに住んでいるから、こう、湖の周りを行って帰ってくるまでこのコード進行は崩れない。ポップかな、と思ったからこんなのもやってみた。初めに大事なのはまずメロディ。

四月朔日　最初のコードは何でしたっけ？

トモ藤田　Ｅｍ。あ、でも言わないほうが良い。音を想像しながらやって欲しいから。途中のＦのコードの箇所ではＦｍａｊ７のアルペジオ。こういったアルペジオでね、わざとちょっとだけソフトに弾く。それとクロマチックも混ぜる。だからみんな僕がどうやって弾いているのかわからなくなる。だから面白いフレーズになる。意外なとこでジャジーにクロマチックを入れて。（次頁）

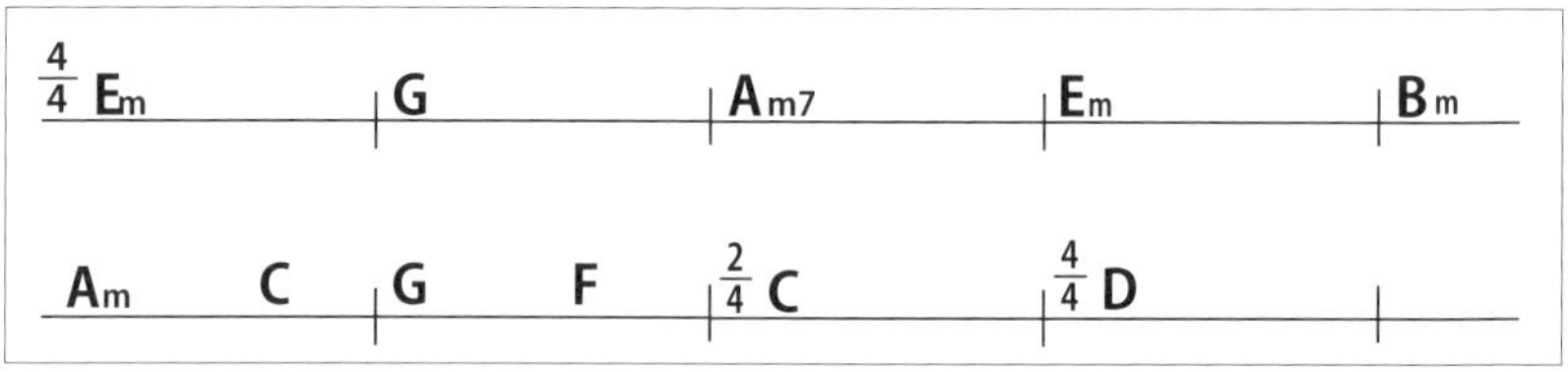

■F における FMaj7コードトーン

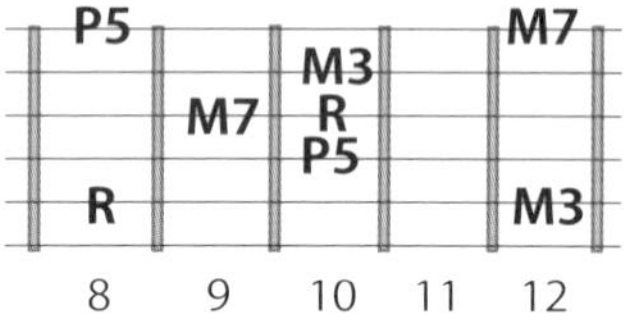

■F におけるコードトーン&クロマチックアプローチ

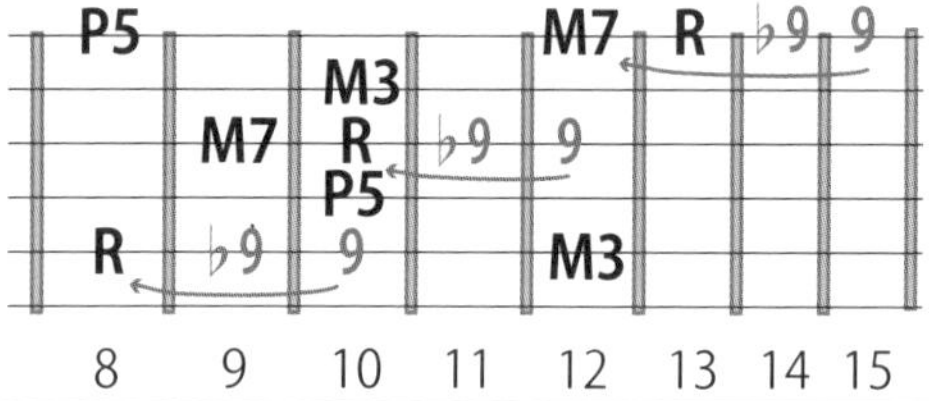

9th から Root や長 7 度（M7）にクロマチックに音変化させながら FMaj7 のコードアルペジオを弾こう。

■フレーズをチェック
音源は DVD からの抜粋です。

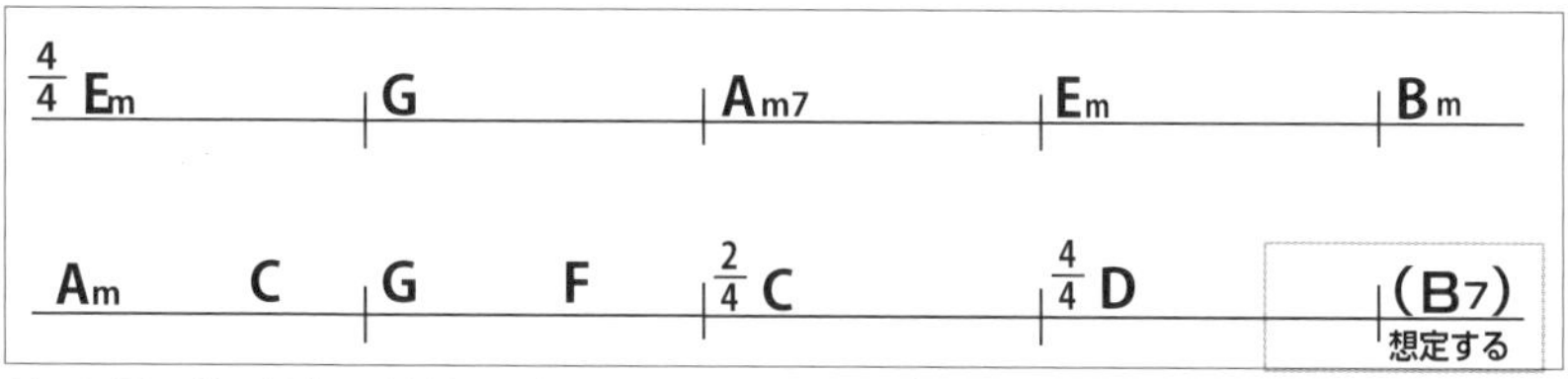

Em に戻る前の最後の小節に 5 度の B7 を想定したアプローチを入れてみよう。

■B7を想定したフレーズ 1

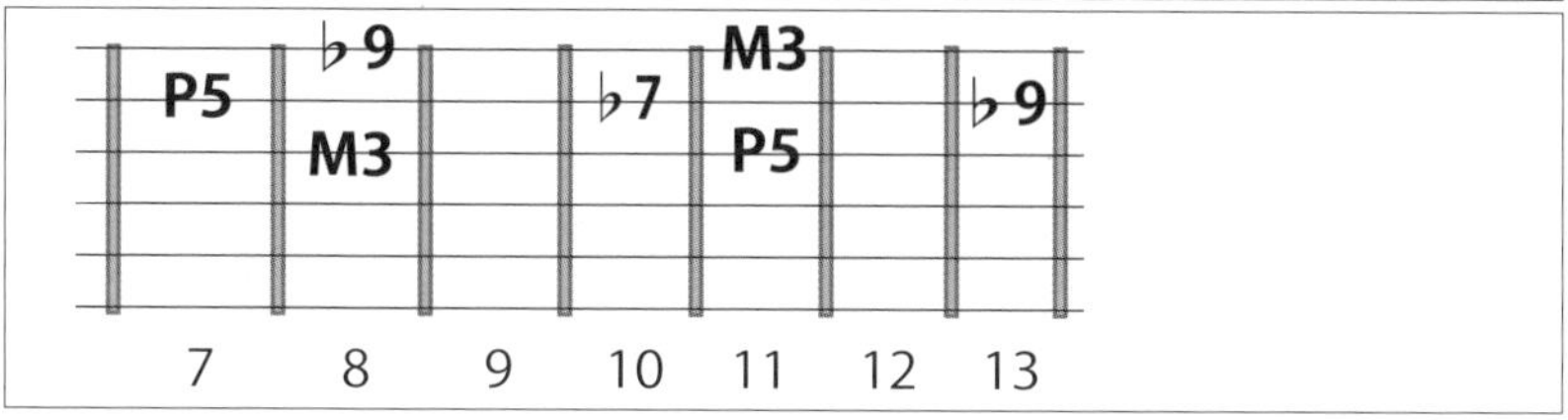

長 3 度 (M3) からディミニッシュのフレーズ。3 弦 8f → 2 弦 7f → 10f → 1 弦 8f 及び 3 弦 11f → 2 弦 10f → 13f → 1 弦 11f。

■B7を想定したフレーズ 2

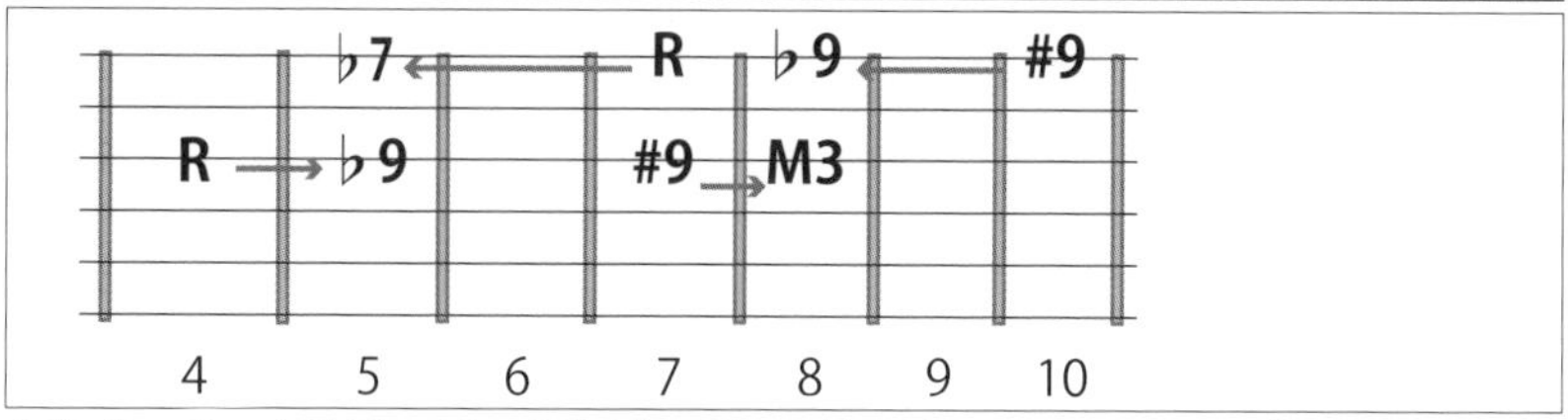

3 弦 4f → 5f → 1 弦 7f → 5f で 3 弦 7f → 8f → 1 弦 10f → 8f というフレーズ。
わざわざコードを押さえなくても各ポジションの度数がわかるようにしよう。

■B7を想定したフレーズ 3

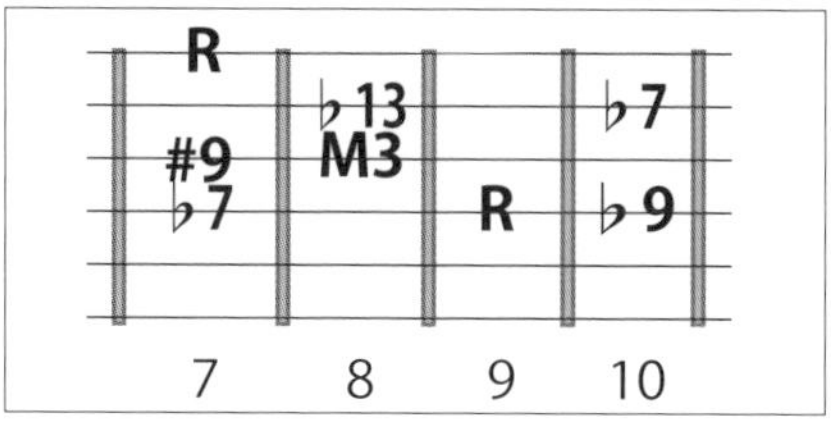

B オルタードスケールだが、形で覚えずに、どんな音が入っているか、どんなメロディになるかを意識して響きを体に入れよう。

■フレーズをチェック
音源は DVD からの抜粋です。

トモ藤田　僕の特徴は、速く弾いたら弱くなるの。そういう風に練習している。そこは僕はギタリストじゃなくてサックスをイメージしている。

四月朔日　ビバップのサックス奏者って、こういうの吹く時にソフトに吹きますよね。

トモ藤田　そう。この曲が意外にメロディの練習に良い。なぜなら色々なコードが出てくるし、有名な曲なので、普通の人はあまり重視してやらないけど。

四月朔日　ソロを弾くときにスケールで考える人が多いですよね。

トモ藤田　そう、プロの人でもね。僕はこの曲、練習曲、永遠の課題曲にしている。スケール的な意識は全くないです。スケールを弾こうと思うと考えてしまう。やっぱりメロディかな。ポップセンスを大事にしている理由は、生徒から学んだんです。ジョン・メイヤーを教えた時のことだけど、彼が有名になった理由はポップだからだと思う。だからブルースをやっても大丈夫。僕はブルースを教える代わりに、僕は彼からポップな部分をもらった。彼から学んだところは多いよ。

コード進行を聴いてもメロディが浮かばない人へ

トモ藤田

漠然とメロディが浮かばないという人は、自分の中のテーマみたいな曲を見つけないといけないね。極端な話、ドレミが歌えなかったらだめだと思う。でもブルースでドレミをやったら合わないし、おかしいでしょ。でもポップはドレミだと思う。まず人差し指で、これ以外弾かないという練習をやってみる。もしメロディが聴こえなかったら、弾かなくていい。メロディが浮かんでこない状態で自由に弾いたら無茶苦茶になっている人もいる。弾きすぎるから。メロディができない、スケールが分からない人には、1弦のここだけ、とか限定してあげます。

■メロディを作る練習

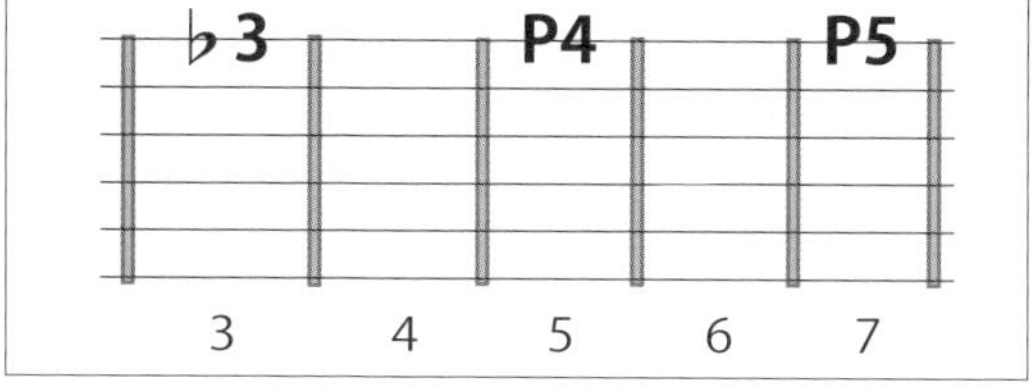

1弦の3,5,7fの任意の音を人差し指で弾いて、メロディを作る練習をしよう。むやみに移動したり、音数を増やすのではなく、次の音を頭で思い浮かべるイメージ。

■フレーズをチェック
音源はDVDからの抜粋です。

マイナーコード一発時のアプローチアイディア

四月朔日　さっきC7の一発をやりましたけど、今度はマイナーの一発について教えてください。例えばAmとか。マイナーの時に、アッパーストラクチャーのようなアプローチなどもありますが。

トモ藤田　例えばAm7で一発の時にCやDやGのトライアドを入れたりします。あとはBm、Am。そうしたらメロディみたいになる。リズムをやったりする時のアッパーストラクチャーみたいな。これはキーがGの場合です。例えばマイナーコード一発にダイアトニックのトライアドを入れるアプローチを紹介すると、G、Am、Bm、C、D、みたいな感じで、これもある程度ダイアトニックのトライアドを知らないといけないけれども、サックスの人は、ペンタトニックよりもダイアトニックでやるのが楽なんです。このフレーズはダイアトニックのパターンが単に上がっていって、あとはメロディを感じながら弾きます。（次頁）

■ Am7 一発時のダイアトニック・トライアドアプローチ

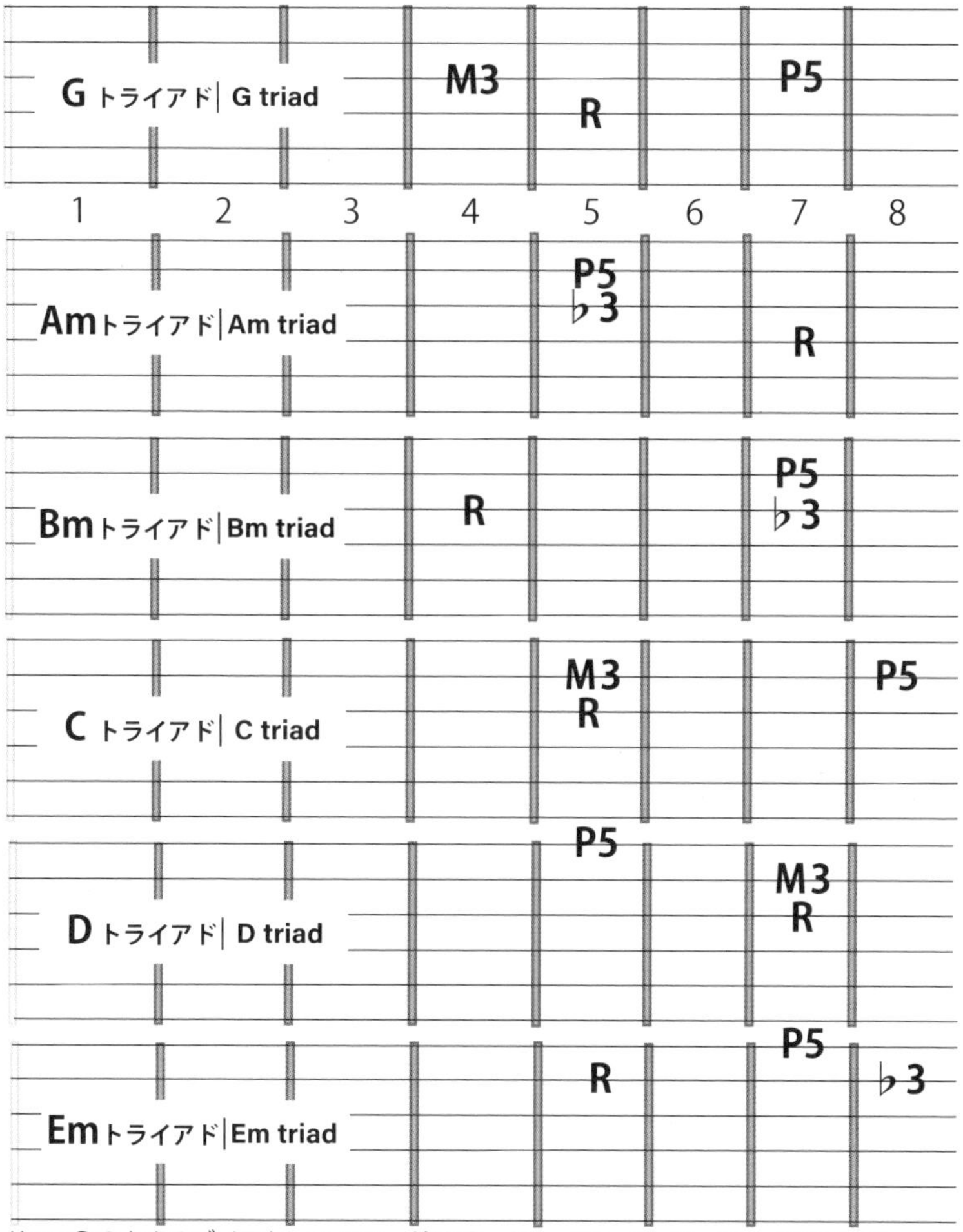

Key=G のときのダイアトニックコードは G、Am、Bm、C、D、Em、F#m(♭5)。
それぞれのトライアドを連結したり、組み合わせてメロディを作れるようにしよう。

■フレーズをチェック
音源は DVD からの抜粋です。

トモ藤田　あとAm7一発でメジャー7thのアルペジオを弾く。ここだとCMaj7のアルペジオ。だから、Am7からマイナー3rd上のメジャー7thのアルペジオを弾くんです。でも、これをこのまま全部弾くと全部鳴ってしまう。だから前半をソフトに弾くと、途中から音が出てくる感じになるから面白い。ソフトに弾くことで音から距離感が出るから、そこが狙いなんですよ。CMaj7のアルペジオをAm7の短3度（5弦3f）から弾くと短3度、完全5度、短7度、長9度になる。

四月朔日　なるほど！　ドリアンスケールのニュアンスにも近いのでしょうか？

トモ藤田　そう、アナライズとしたらドリアンなんですが、メロディがあって、マイナー3rd上のメジャー7thということです。だからマイナーの部分ではD、Cのトライアドと、マイナー3rd上のメジャー7th、というのが僕のネタ的なところ。**（次頁）**あとはAm7一発でジプシースウィングとかクリシェみたいなアプローチ。マイナーっぽいでしょ。**（次々頁）**僕はやさしくて楽しいジャズが好きなんですよ。頭が痛くなるような難しいジャズもあるけど、あれは好きじゃない。僕はシンプルでスウィングするような音楽が好き。

■Am7 一発で CMaj7 のアルペジオを弾く例

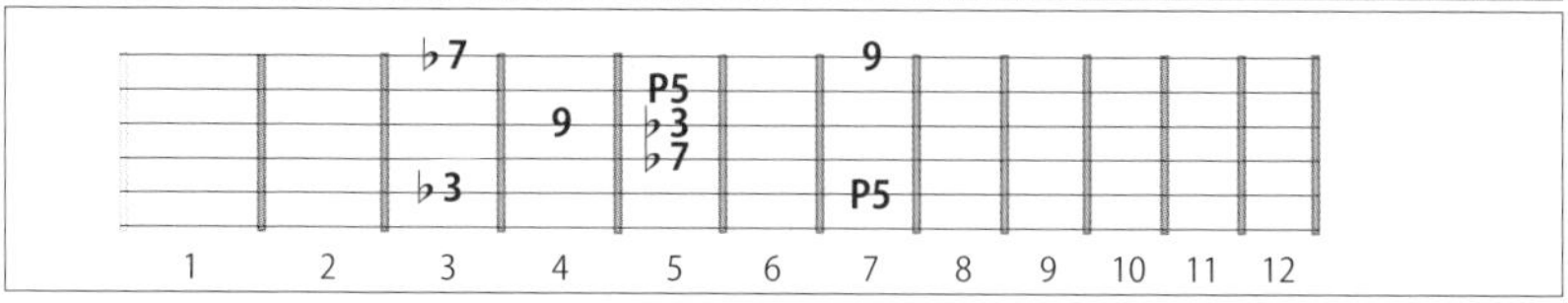

■Am7 一発で CMaj7 のアルペジオを弾く例

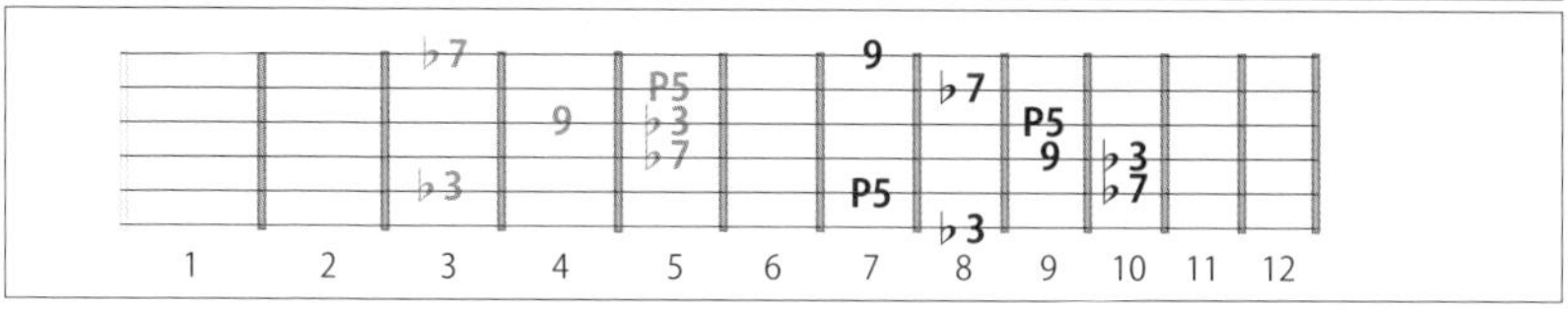

■Am7 一発で CMaj7 のアルペジオを弾く例

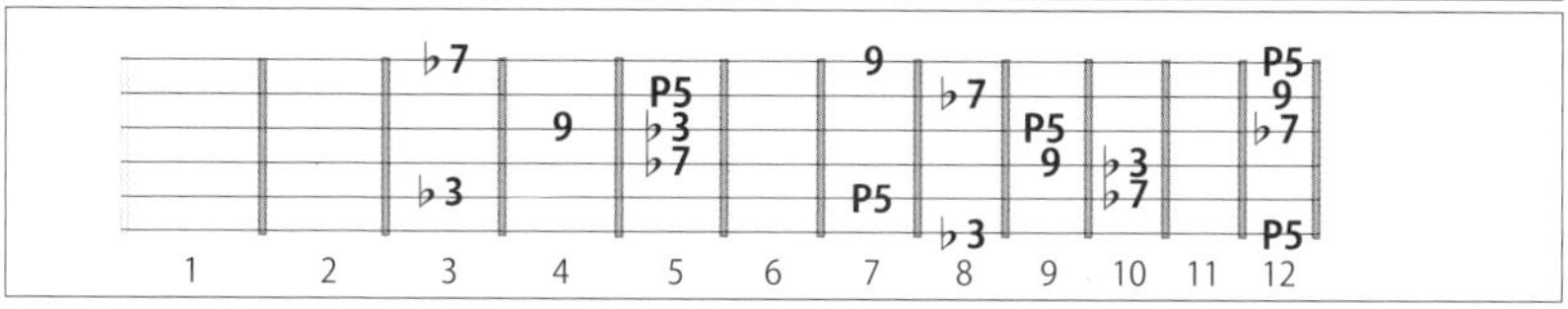

■Am7 一発で CMaj7 のアルペジオ & クロマティック

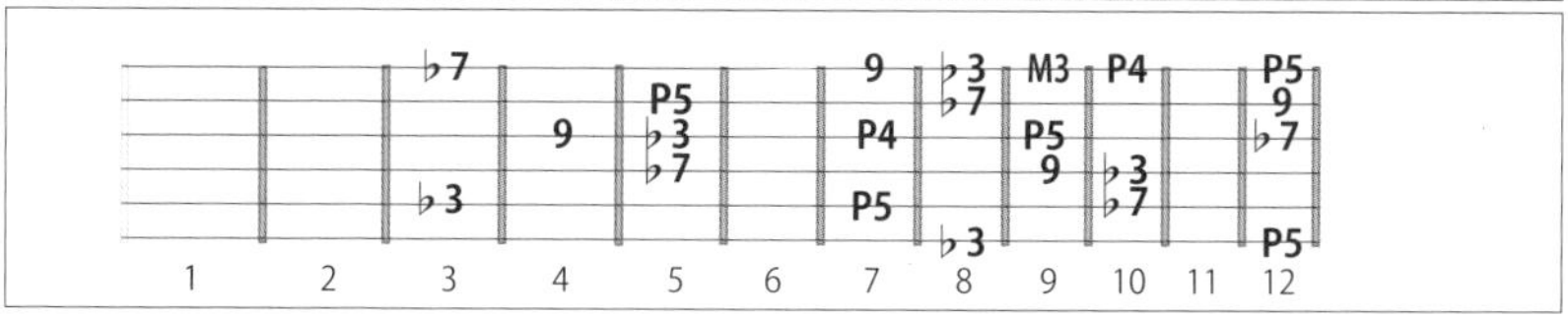

コード Am7 のマイナー 3rd 上の 5 弦 3f から CMaj7(9) のアルペジオを弾こう。
Am7 に対して 9th の音 (例：1 弦 7f) は CMaj7 から見るとメジャー 7th の音になる。

■フレーズをチェック
音源は DVD からの抜粋です。

■ Am7 一発のアプローチ 1

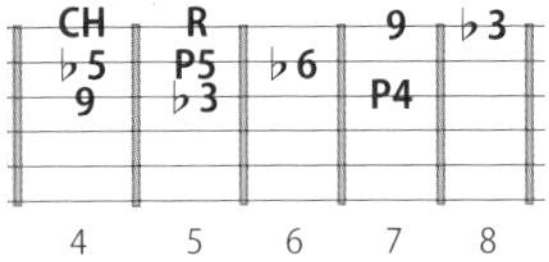

音の動きの例として 2 弦 5f → 6f → 5f → 4f → 5f をハンマリング・プリングオフなどでスムーズに繋いで 1 弦 7f → 8f → 4f → 7f → 5f そして 2 弦 5f など色々試してみよう。

■ Am7 一発のアプローチ 2

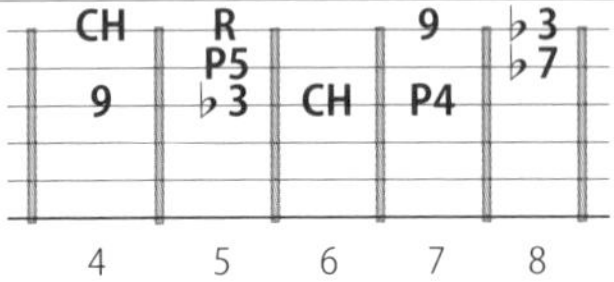

音の動きの例として 3 弦 4f → 7f → 6f → 4f → 5f → 2 弦 5f → 8f →
1 弦 7f → 8f → 4f → 7f → 5f など。どんなリズムのメロディにするか、色々試してみよう。

■ Am7 一発のクリシェアプローチ 2

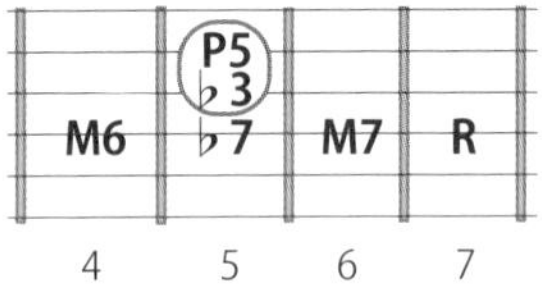

マイナーコードでよく使用されるコードクリシェ。TOP ノートに 2 〜 3 弦の P5th と♭ 3rd をキープしつつ、R → M7 → ♭ 7 → M6 と動く。コード名は Am → AmMaj7 → Am7 → Am6。

■ Am7 一発のクリシェアプローチ 2

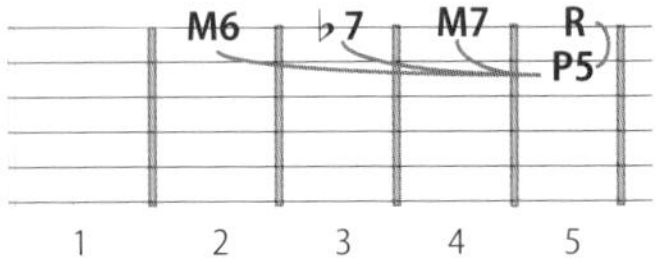

1 と同じ動きだが、今度は TOP ノートが変化するアプローチ。

■フレーズをチェック
音源は DVD からの抜粋です。

5章

トモ藤田が明かす！
「Kyoto」徹底アナライズ

トモ藤田が明かす！「Ｋｙｏｔｏ」徹底アナライズ・メロディ編

四月朔日　この曲はコードに対する的確なアドリブの練習にもすごく良い曲だと思います。

トモ藤田　ありがとうございます。バークリーを卒業してから色々曲を書いて、「Ｊｕｓｔ Ｆｕｎｋｙ」がまずできて、それからメロディが大事な曲もいいな、と思って作りました。作っていて悩んだのは、歪みでやるか、クリーンでやるか……で、やっぱりクリーンな音でやった方がいいと思った。そうするとベンドやビブラートを練習しなければいけなくなったのと、これまではマイナーの曲が無かった。この曲はマイナーの中に色んな機能のコードが入っている。だから実は、バークリーでも練習曲として使っているんですよ。あれをこなせるということが、僕のレッスンの中のレベルで大事なことなんです。最近は「Ｋｙｏｔｏ」をバークリーのオーディションで使う人も多いんですよ。ペンタトニックではなくてコード進行でソロを弾く練習になるし、どれだけコードとフレージングのアイディアを知っているかを見せられるからね。

■「Kyoto」のコード譜

Kyoto

Composed by: Tomo Fujita

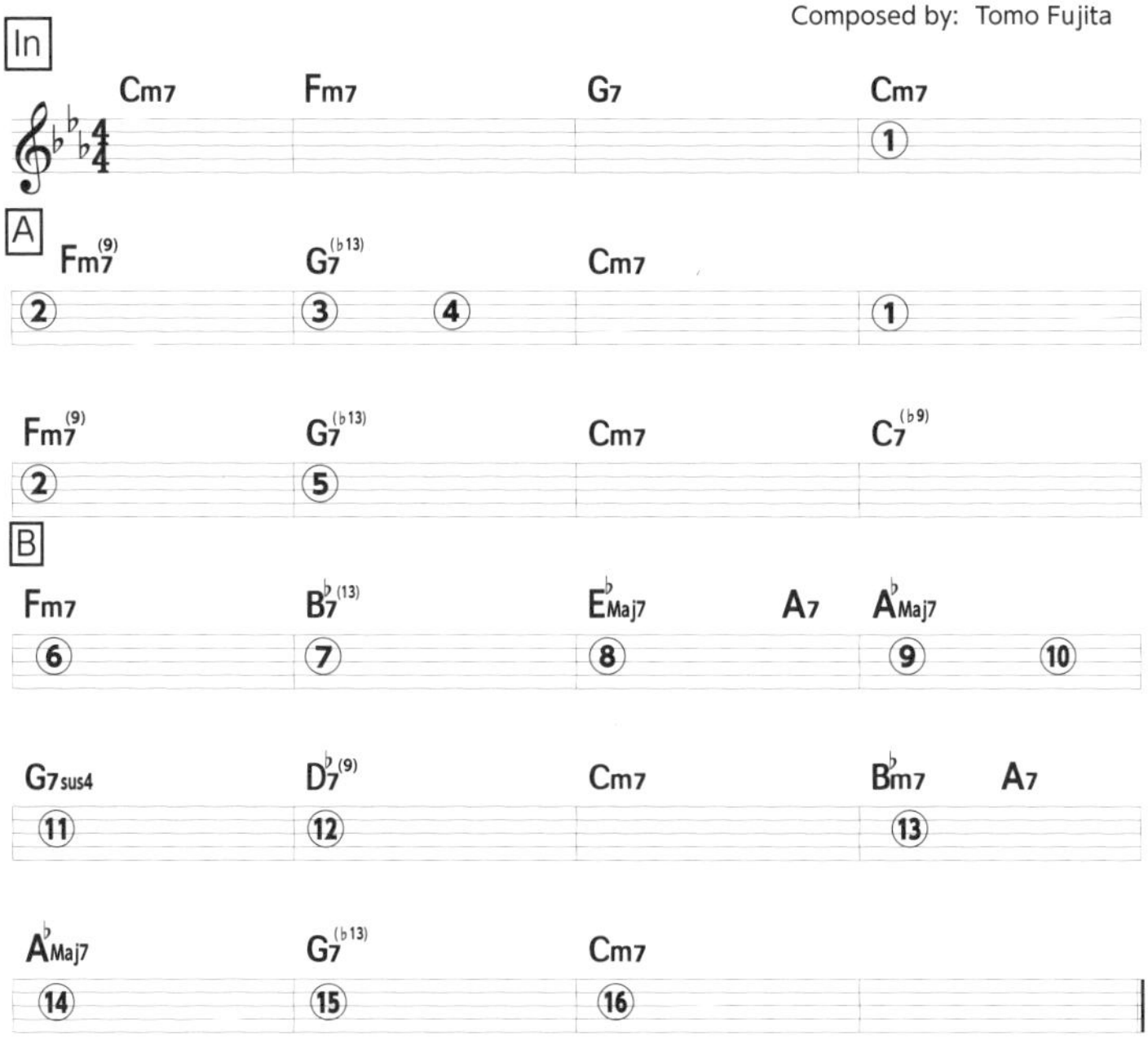

A (0 ～ 8 小節目)

①冒頭メロディ (コード：Cm7)

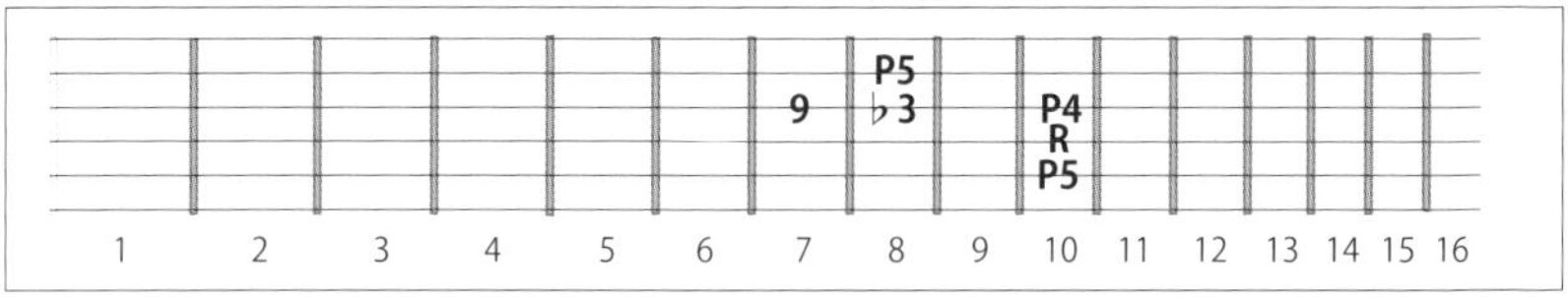

② Fm7(9) のメロディ

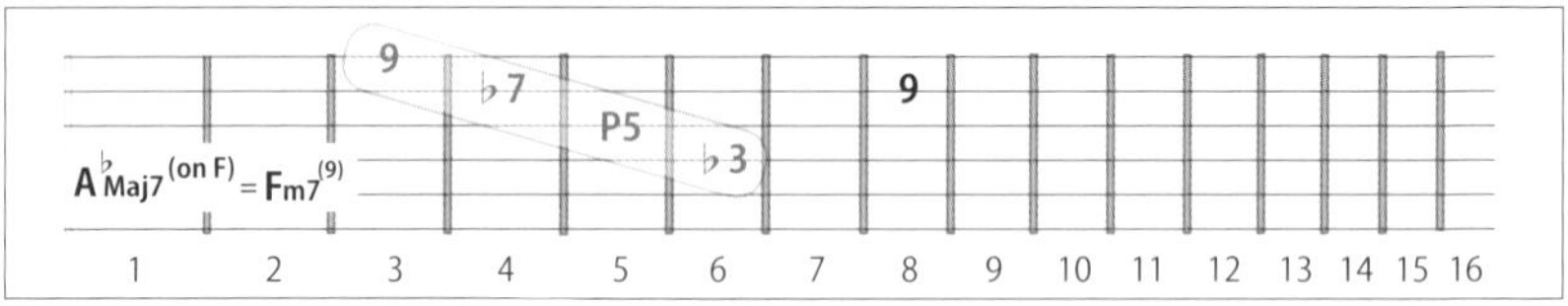

③ G7(♭13)のメロディ 1

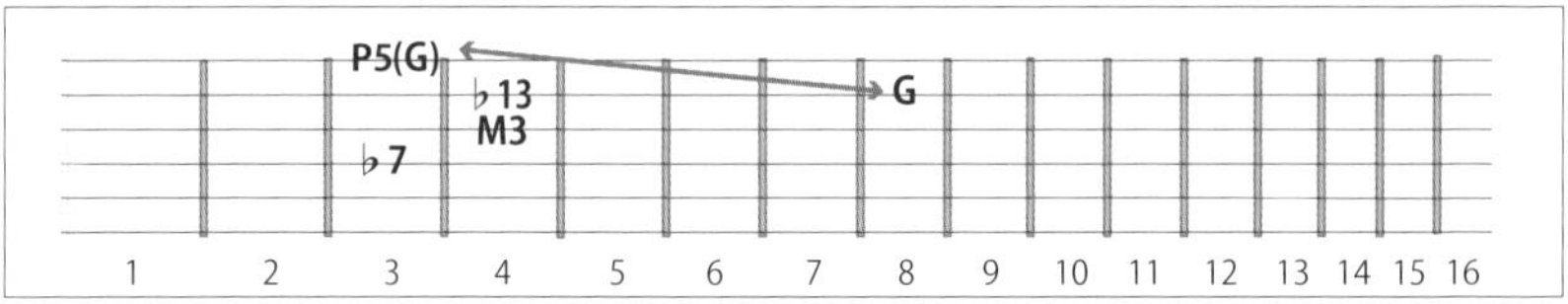

④ G7(♭13)のメロディ 2

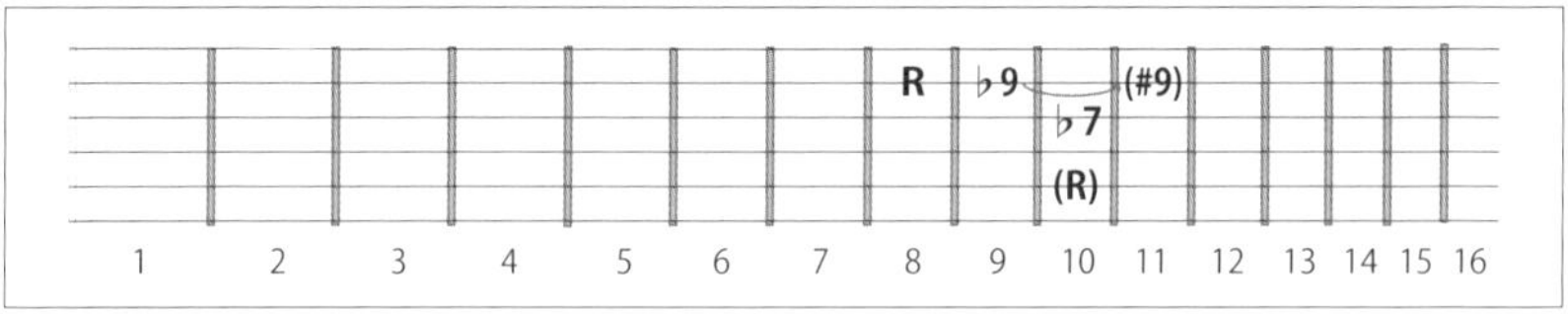

⑤ G7(♭13)のメロディ 3

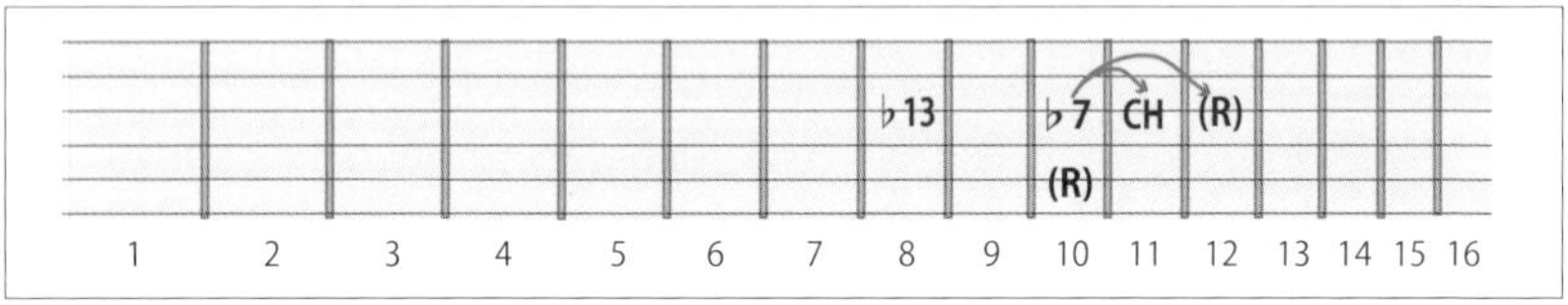

冒頭のメロディは Cm7 の P5 から始まって、9th の音が入ったり、ブルージーなフレーズからスタート。1 小節目は Fm7(9) は Fm の上のマイナー 3rd 上のメジャー 7th となる A ♭ Maj7 という解釈でも取れる。2 小節目は G7(♭13)。 1 ～ 2小節をまたぐメロディは G の音なので Fm7(9) と G7(♭13) で G がコモントーンとなる。G7(♭13) のメロディ 2は 2小節目、G7(♭13) のメロディ 3は 6 小節目。

B (9～12小節目)

⑥ Fm7(9)のメロディ

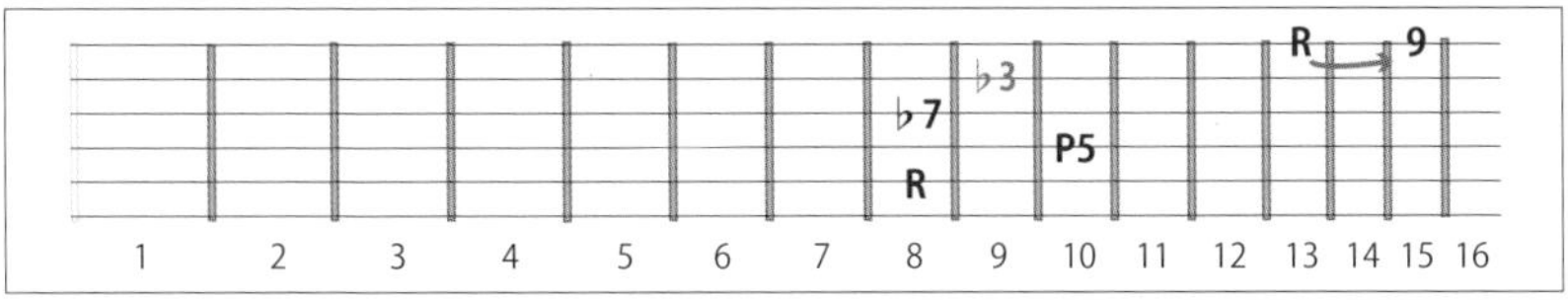

⑦ B♭7(9)のメロディ

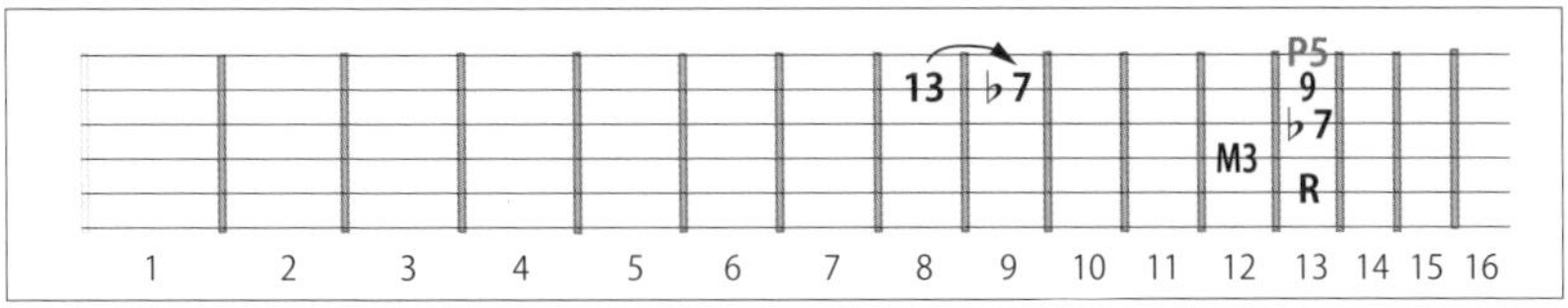

⑧ E♭Maj7 のメロディ

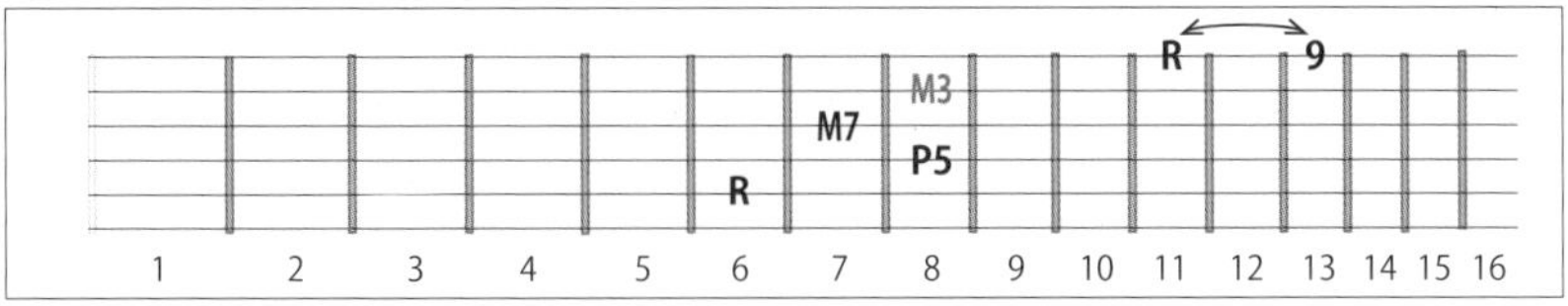

⑨ A♭Maj7 のメロディ 1

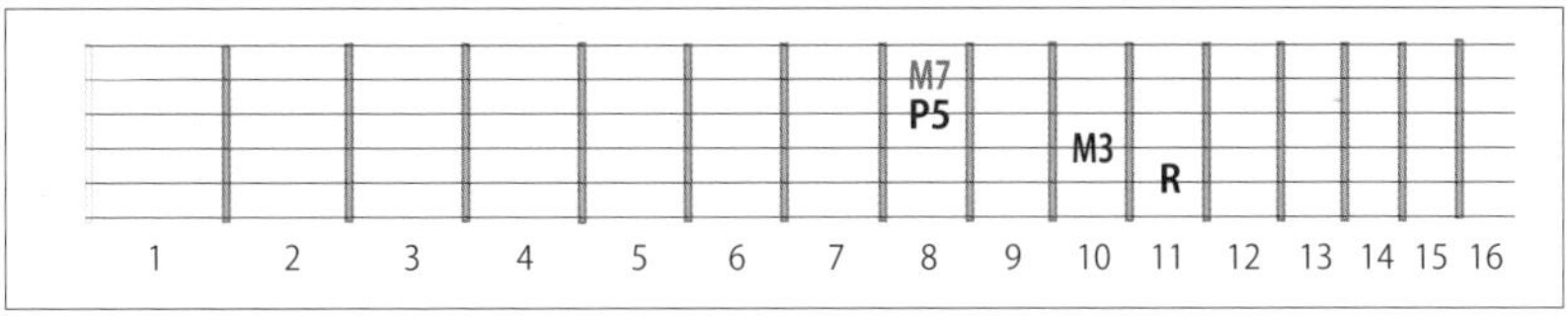

⑩ A♭Maj7のメロディ 2

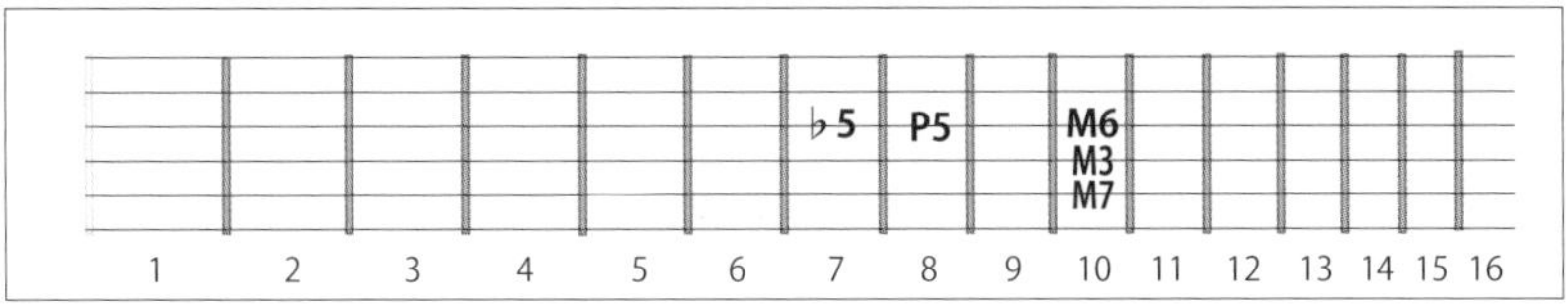

Fm7(9) の出だしメロディは 2 弦 9f の♭ 3rd。そして 1 弦 13f の Root 音をベンド。
2小節目のB♭7(9) のメロディはコードのTOP ノートであるP5th。E♭Maj7 はM3rd から始まり、1 弦 11 の Root 音をベンドする。A♭Maj7 の出だしは M7th を TOP ノートに。
5 小節目に向かう前のメロディは A メロ冒頭と同じメロディだが、A♭Maj7 がコードなのでそれぞれの度数が違うので確認しよう。

B(13～17小節目)

⑪ G7sus4のメロディ

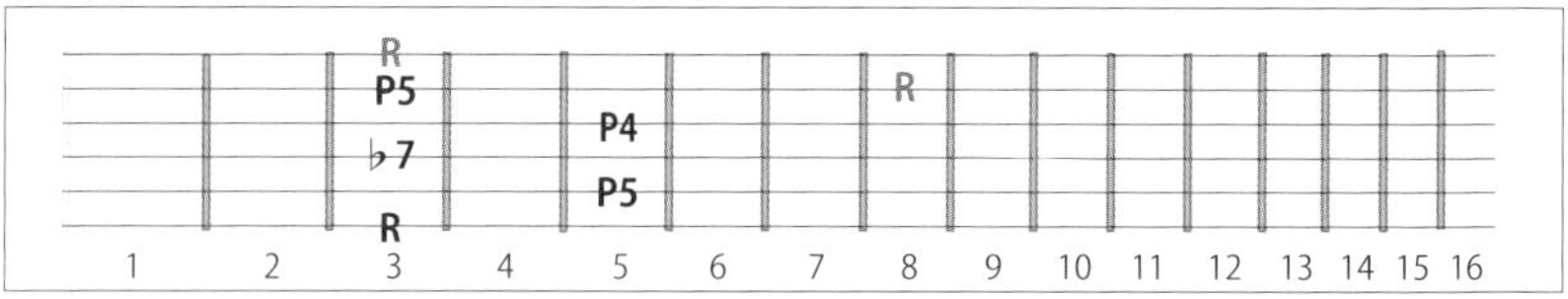

⑫ D♭7(9)のメロディ

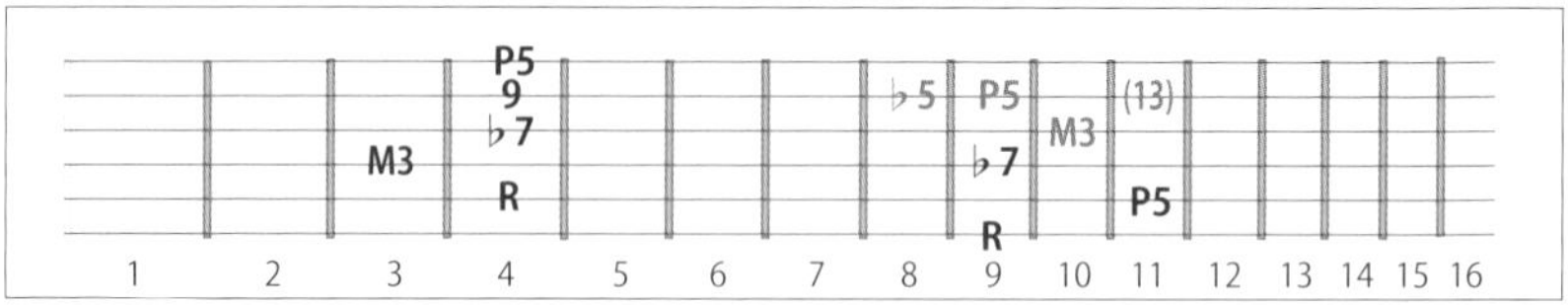

⑬ B♭m7 のメロディ

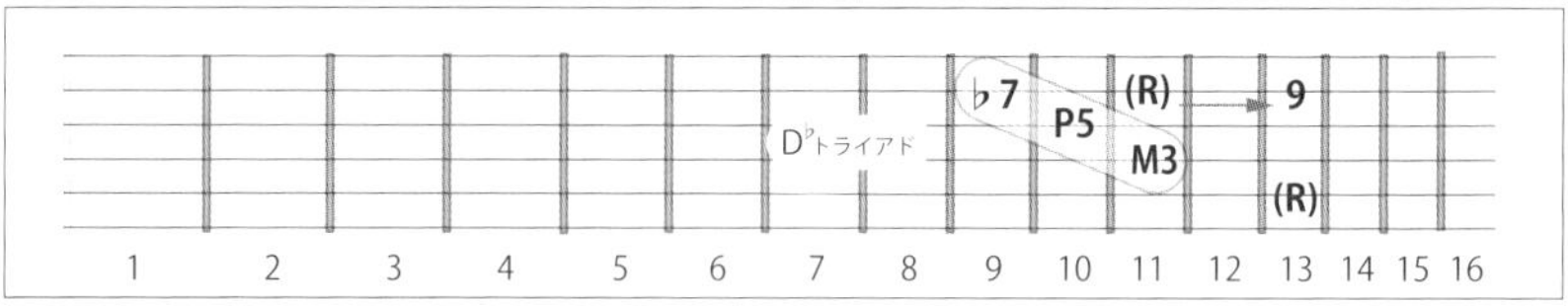

G7sus4 の TOP ノートがメロディ。D♭7(9) は 13th → P5th → ♭5th → M3rd という動き。記載していないがその後の Cm7 のコード時のメロディは m3rd。B♭m7 のメロディは M3rd → P5th → ♭7th → R のベンドで 9th となる。B♭m7 と D♭は Root 音が違うだけでほとんど同じ構成音である。

B (18 ～ 21 小節目)

⑭ A♭Maj7 のメロディ

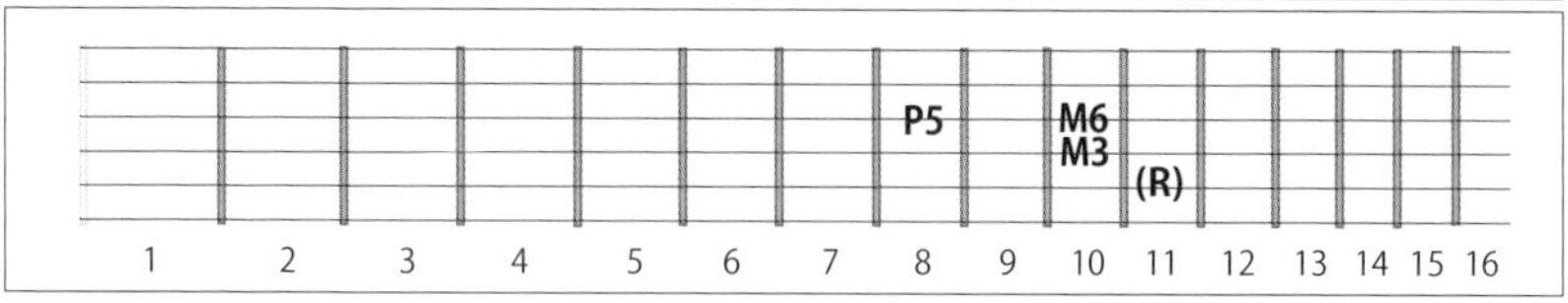

⑮ G7(♭13) のメロディ

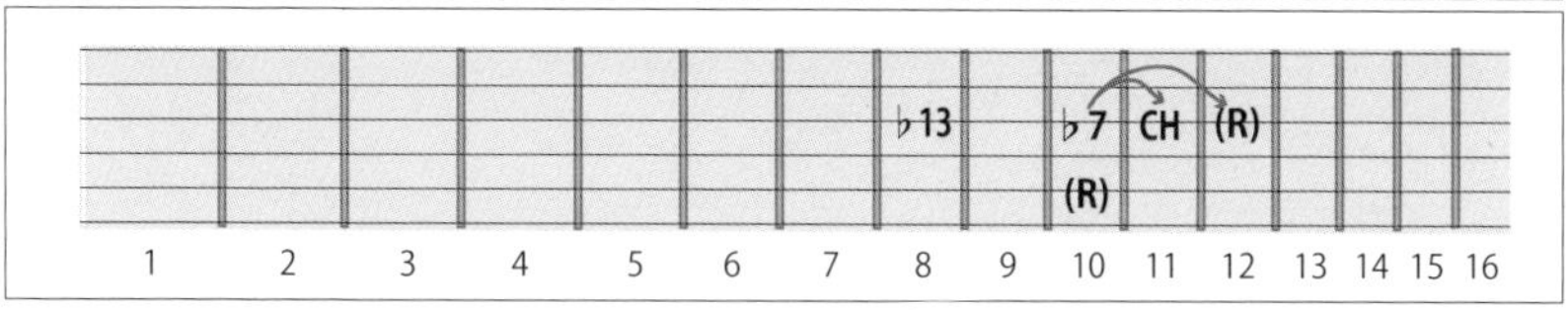

⑯ Cm7 のメロディ

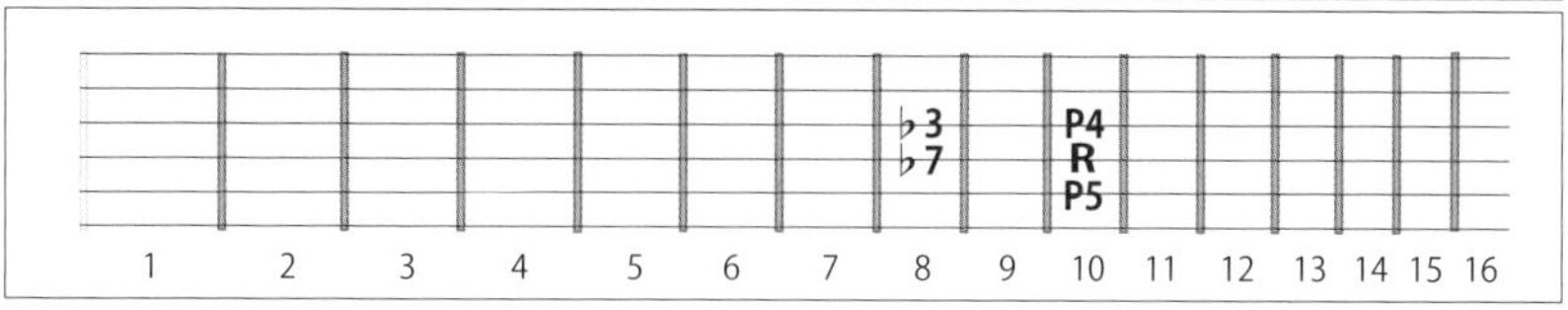

A♭Maj7 は M3rd → P5th → M6th というメロディ。G7(♭13) は♭ 7th を全音→半音→実音とベンドしてピッチ変化させて♭13th へ。最後の Cm7 は♭3rd と♭7th の複音を全音変化させる。

トモ藤田が明かす！「Kyoto」徹底アナライズ・アドリブ編

四月朔日　特に難しいAメロの8小節目のC7からBメロ以降でのアプローチアイディアを教えて下さい。

トモ藤田　ドミナントのところで、3rd、5th、♭7th、♭9thと弾くんです。だからこれがディミニッシュのアルペジオなんです。10年以上前に生徒とセッションをした時に、生徒が弾いたフレーズを少し拝借して、僕はアレンジさせた。このフレーズがなぜ格好いいかというと、いきなり♭9thの音からいってるでしょ。（次頁）

そのあとにE♭Maj7のアルペジオをやって、Aのトライアドやって、A♭Maj7のアルペジオをやってる。これ、すごい種明かしだね（笑）。こんな感じで各コードのサウンドを用意しながら、ちょっとブルージーなフレーズだけでも弾けるようにしている。ソロを弾いていてもずっとメロディを探して弾いています。その時に歌うブルージーな方に行ったらいいのか、コード感を出すジャズっぽい方に行ったらいいのか自然に判断します。難しいですが、毎回似たようなことをやっていても微妙に違うし、違うんだけどどこかで僕なりの同じフレーズを弾いている。歌心は毎回同じです。ただ、毎回コード感を出そうとするとお勉強っぽくなってしまうので気をつけましょう。

「Kyoto」のソロ構成を徹底分析！

■「Kyoto」のコード譜

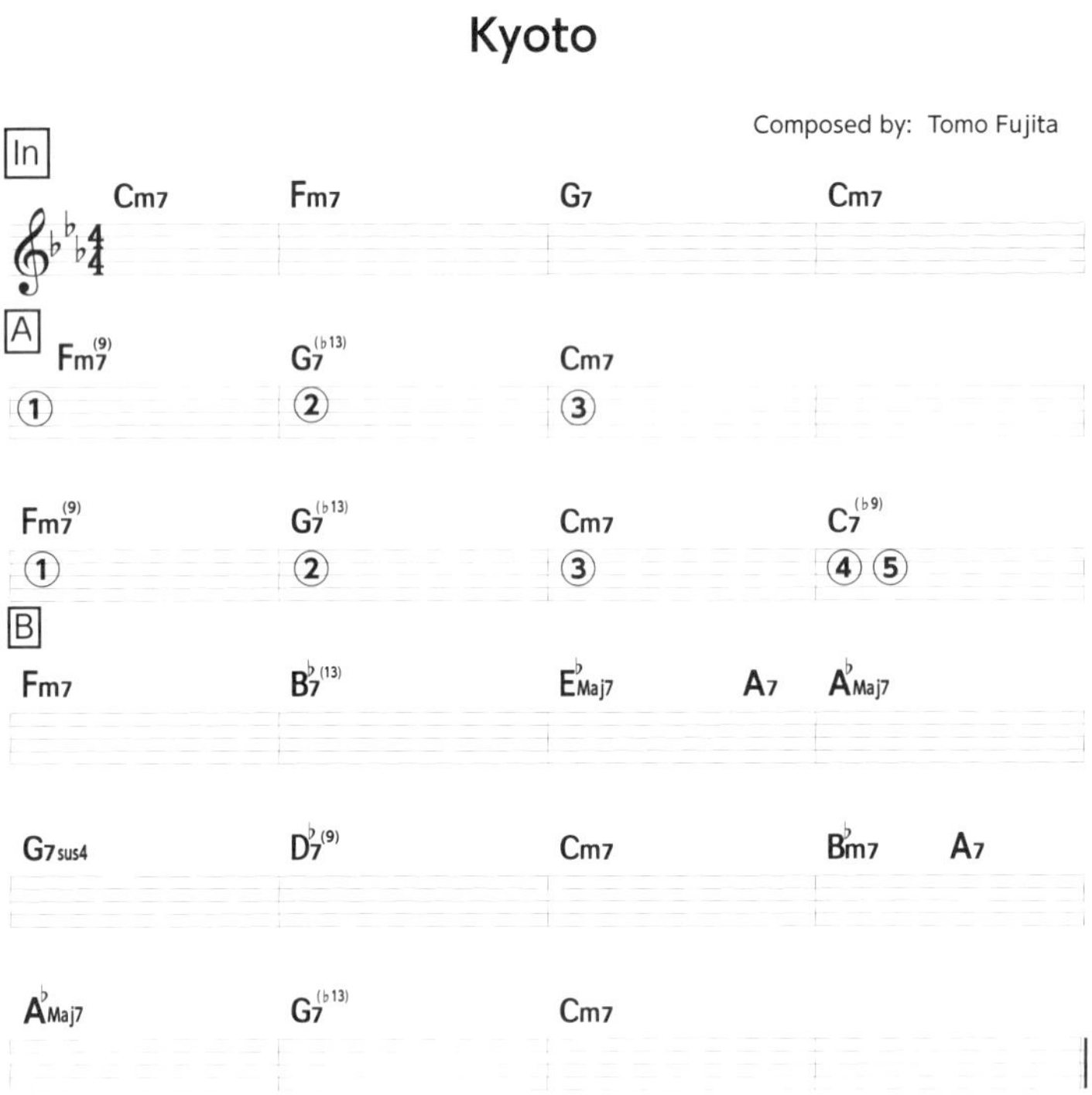

A（5 ～ 12 小節目）

① Fm7$^{(9)}$のアドリブ例

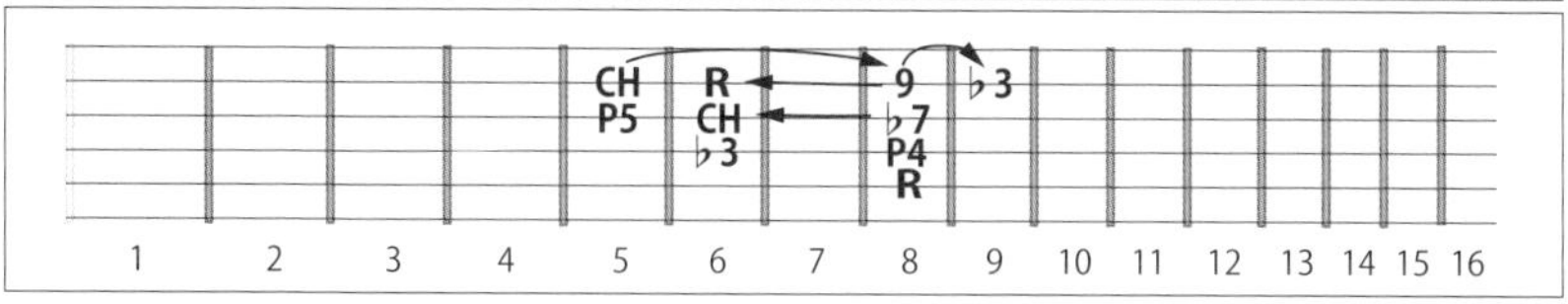

② G7$^{(\flat 13)}$のアドリブ例

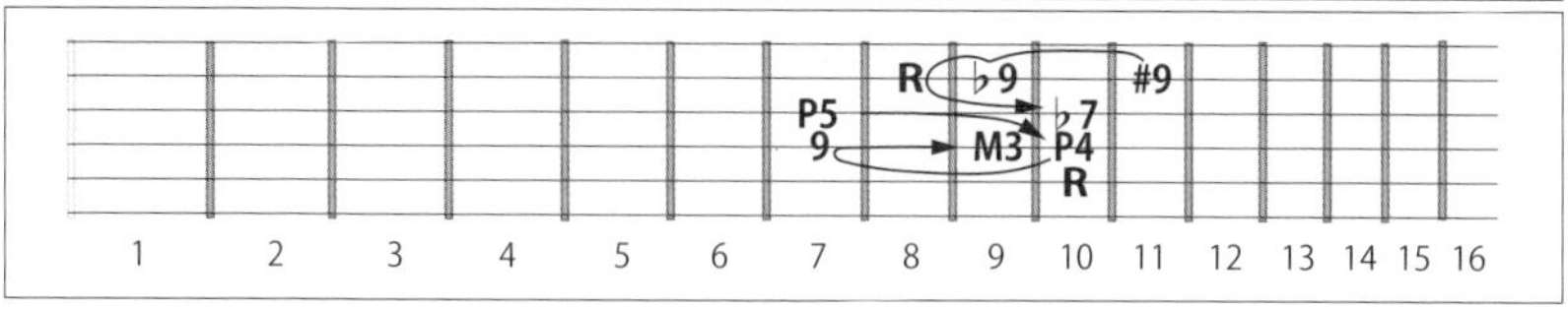

③ Cm7 のアドリブ例

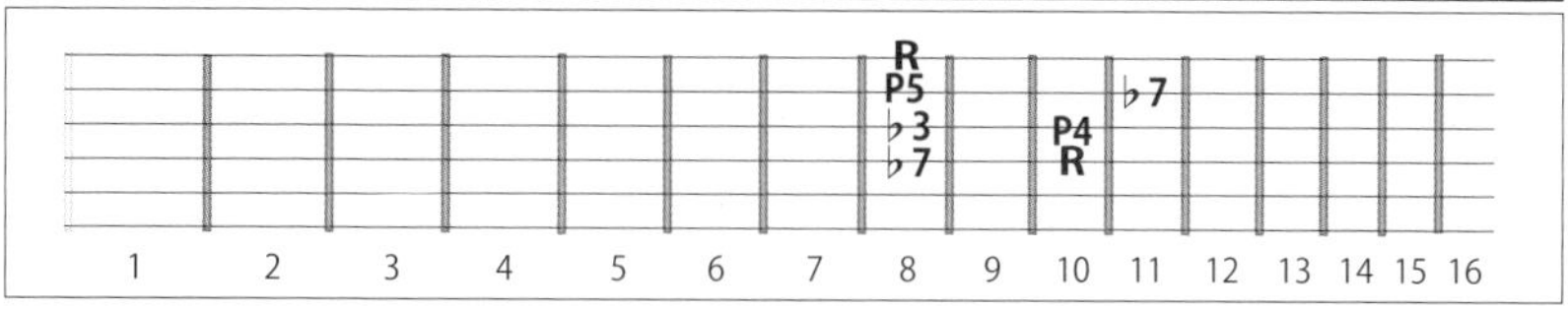

④ C7$^{(\flat 9)}$のアドリブ例 1

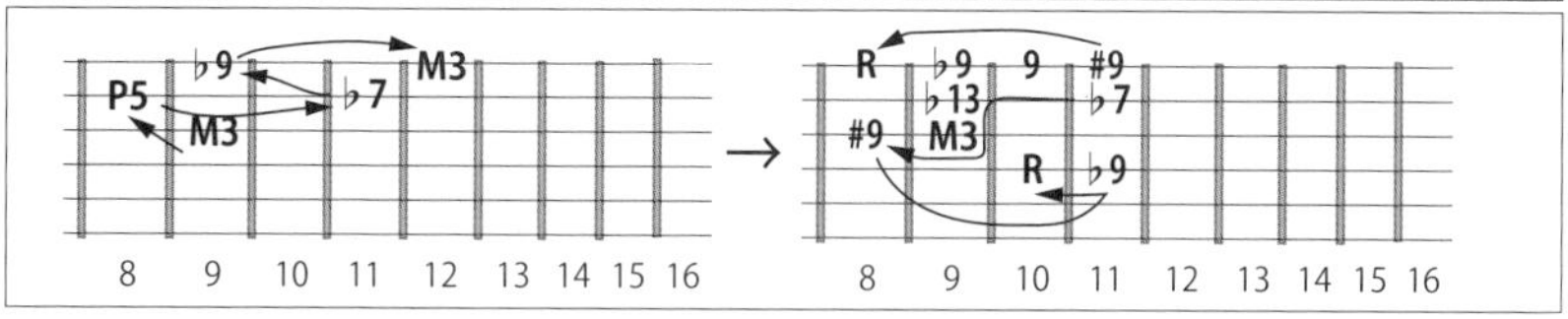

⑤ C7$^{(\flat 9)}$のアドリブ例 2

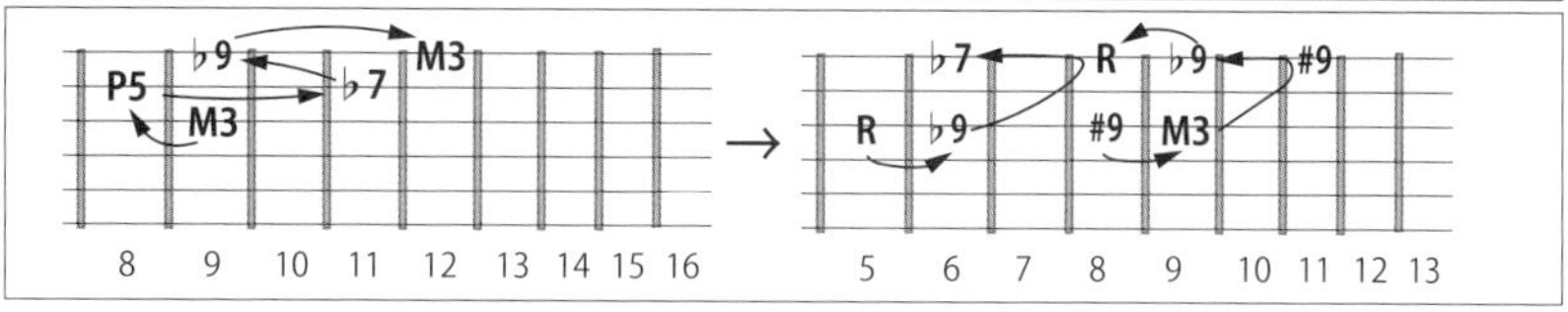

アドリブ例は DVD で収録されたフレーズを元に記載している。Fm7(9) 時は 4 弦 6f → 8f → 3 弦 5f → 8f → 2 弦 8f → 9f → 5f → 8f → 6f → 3 弦 8f → 6f で次の G7(♭13) で半音上の 7f(P5th) にクロマチックで繋いでいる。C7(♭9) の例 1 ではディミニッシュからオルタードアプローチを。例 2 ではディミニッシュからコンディミアプローチになっている。

「Kyoto」のソロ構成を徹底分析！

■「Kyoto」のコード譜

Kyoto

Composed by: Tomo Fujita

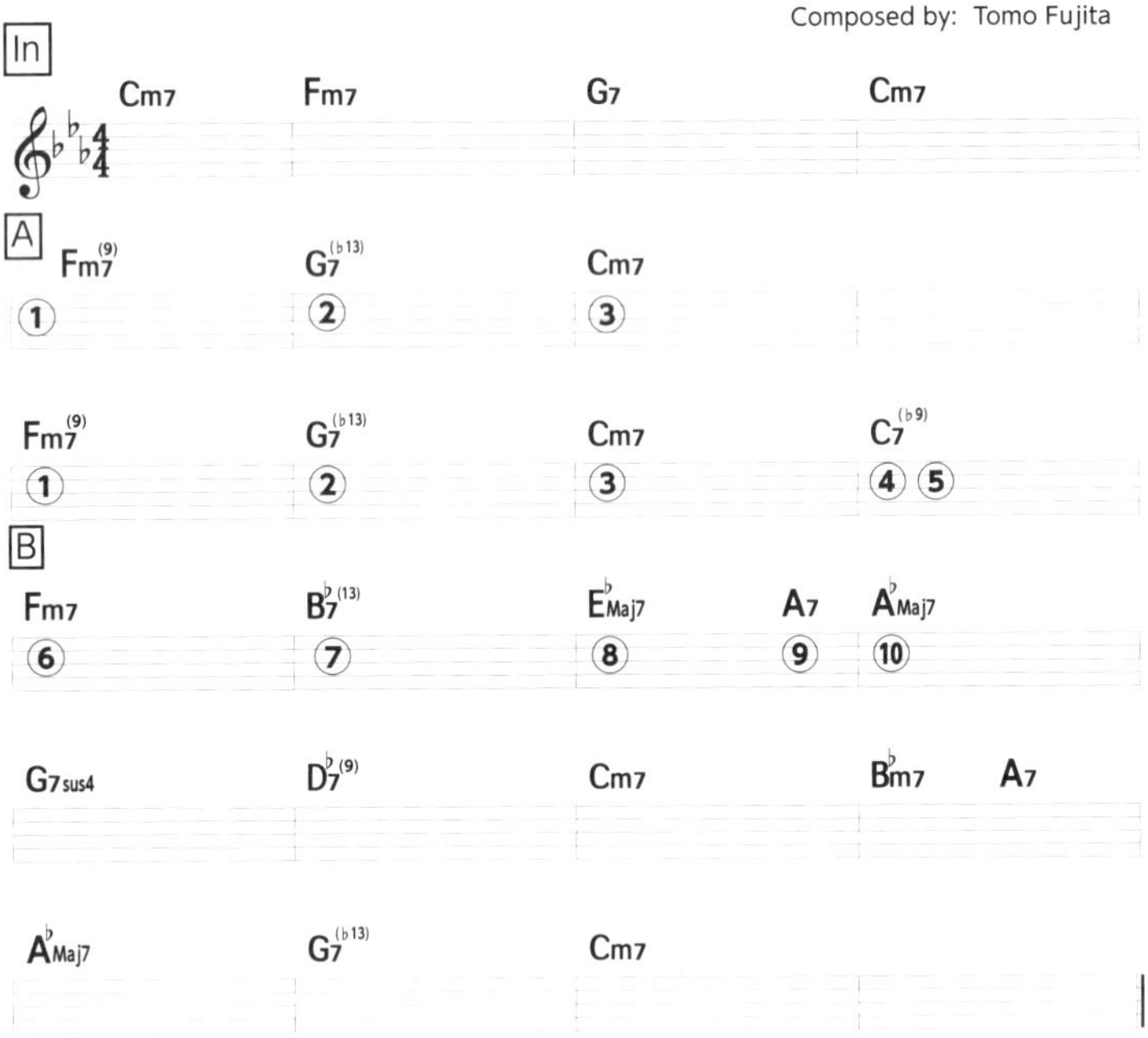

B (13～16小節目)

⑥ Fm7(9)のアドリブ例

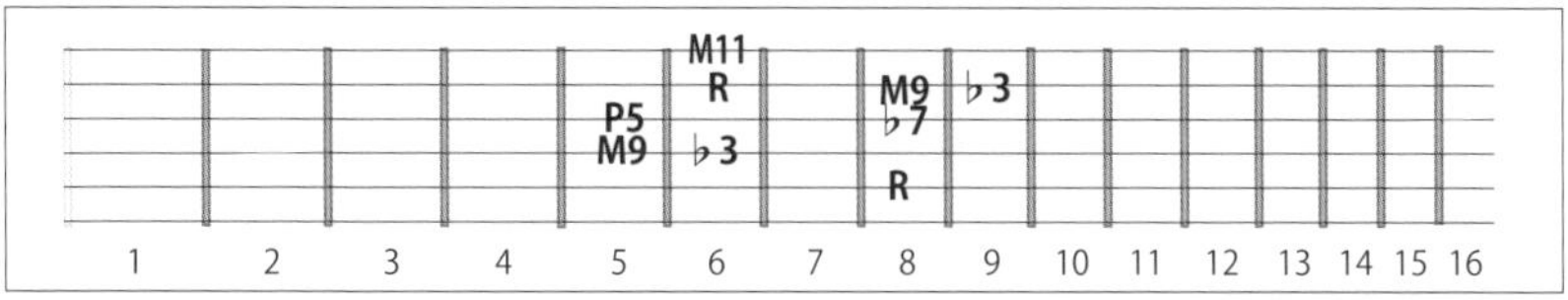

⑦ B♭7(13) のアドリブ例

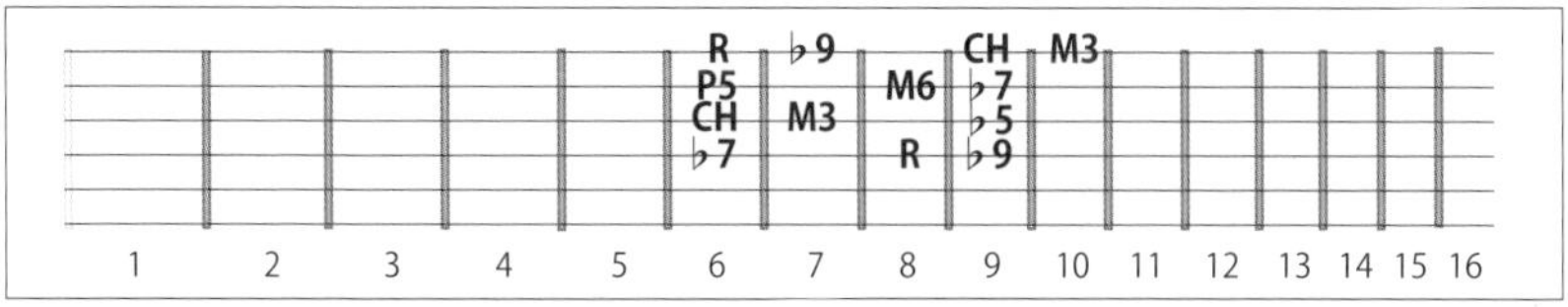

⑧ E♭Maj7 のアドリブ例

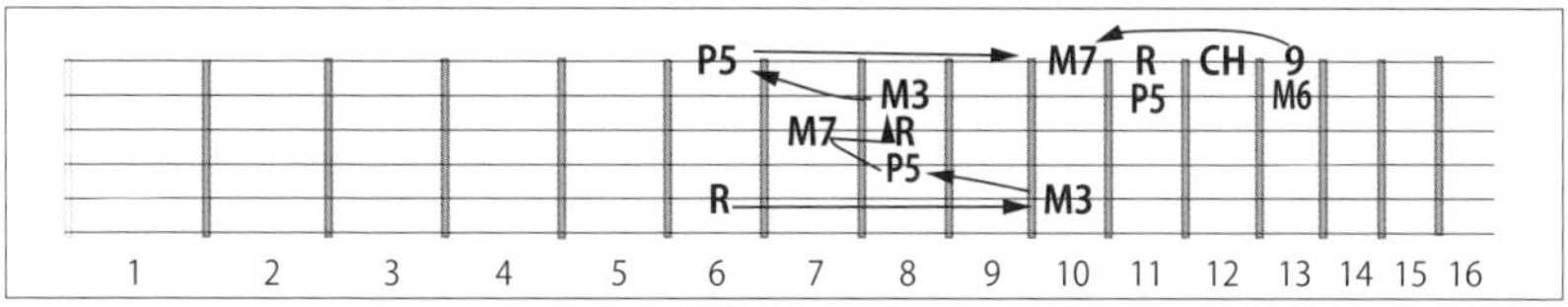

⑨ A7(13)のアドリブ例

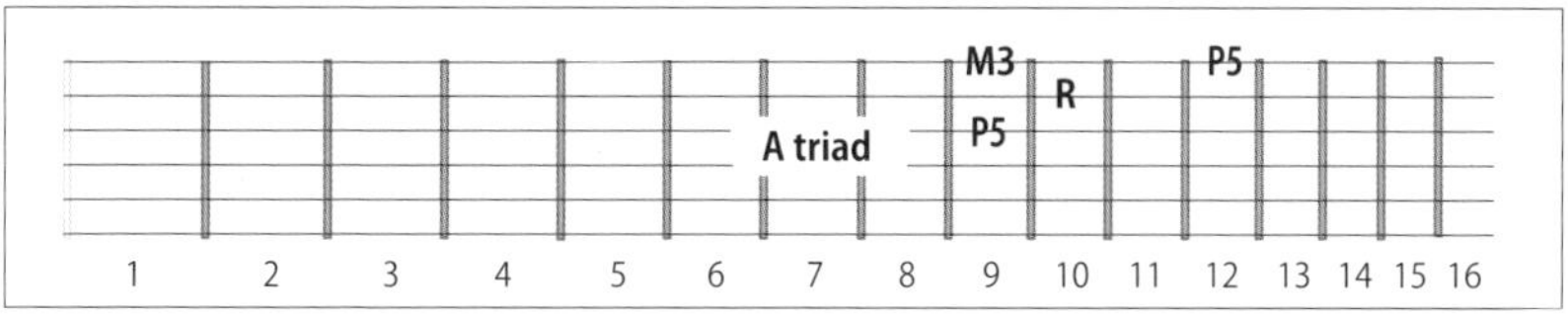

⑩ A♭Maj7 のアドリブ例

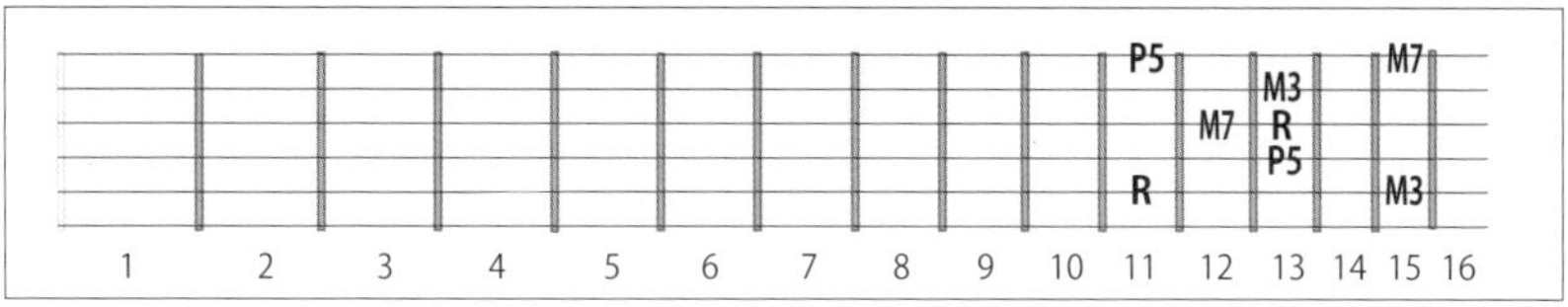

アドリブ例は DVD で収録されたフレーズを元に記載している。Fm7(9) はコードトーンを中心にし、B♭7(13) は B♭のコンビネーション・ディミニッシュ・スケールを使用。ただし、スケールで捉えるのではなくコードトーン、メロディとして考えよう。E♭Maj7 もコードトーンを中心にしたアルペジオ及びクロマチックフレーズだ。

「Kyoto」のソロ構成を徹底分析！

■「Kyoto」のコード譜

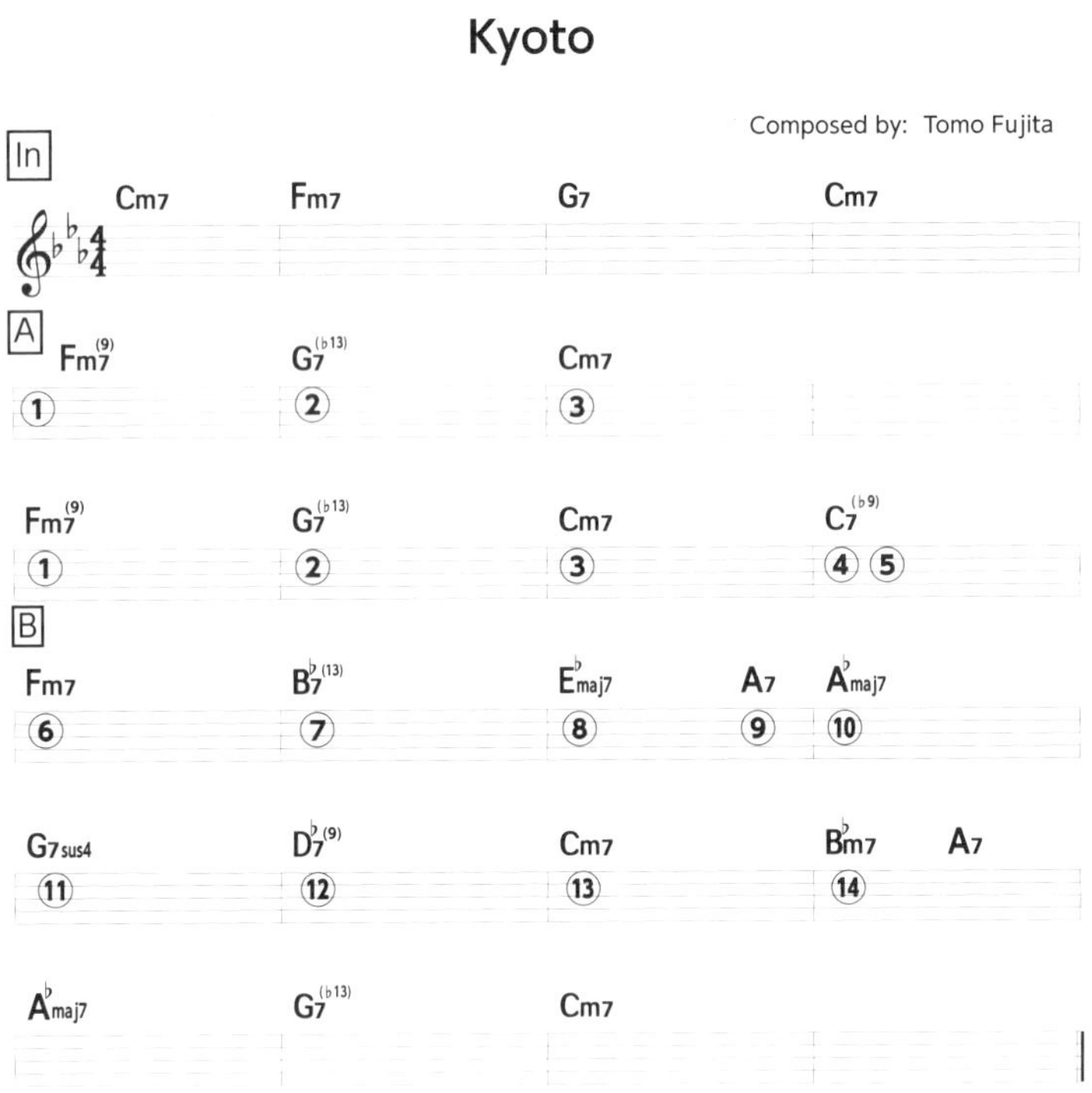

B (17～20小節目)

⑪ G7sus4 のアドリブ例

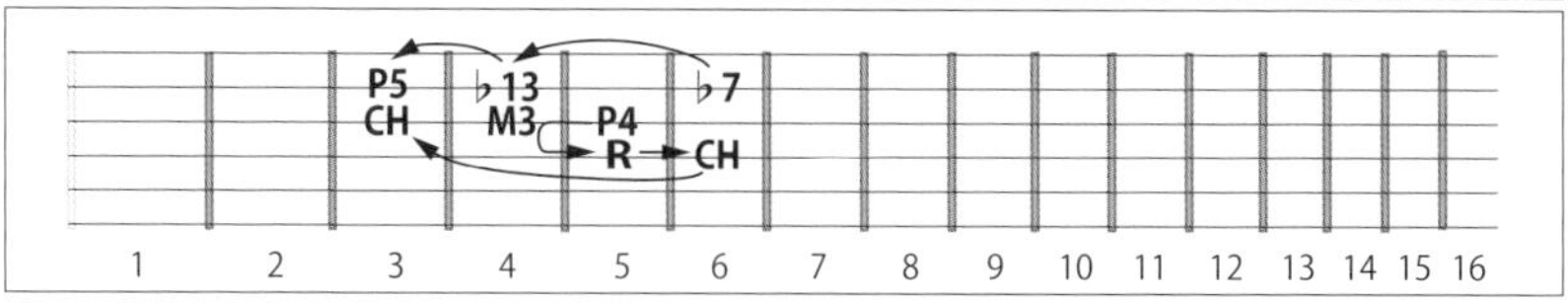

⑫ $D^{\flat}7^{(9)}$ のアドリブ例

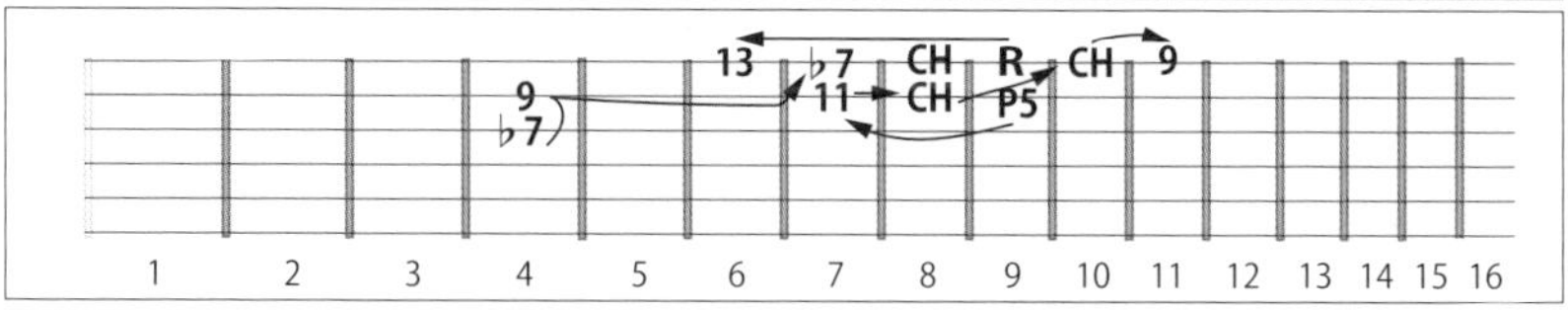

⑬ Cm7 のアドリブ例

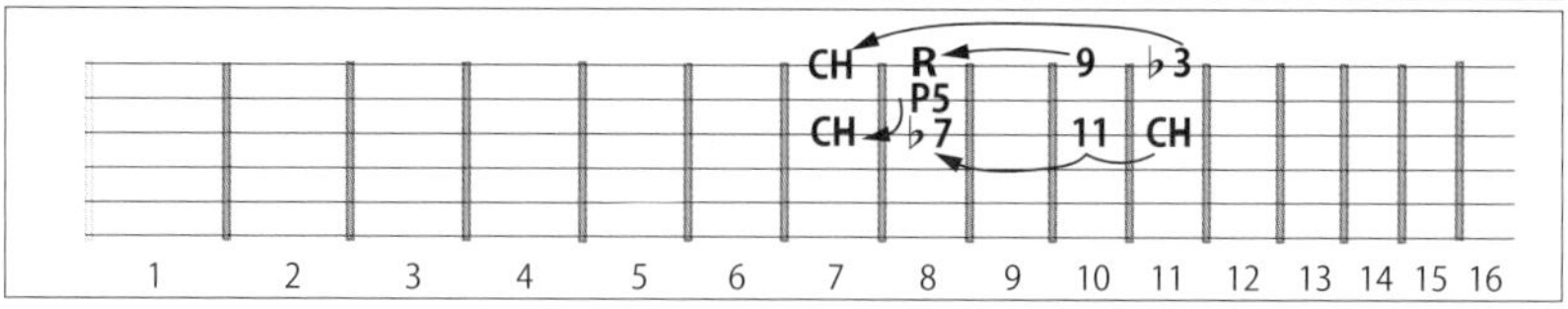

⑭ B♭m7のアドリブ例

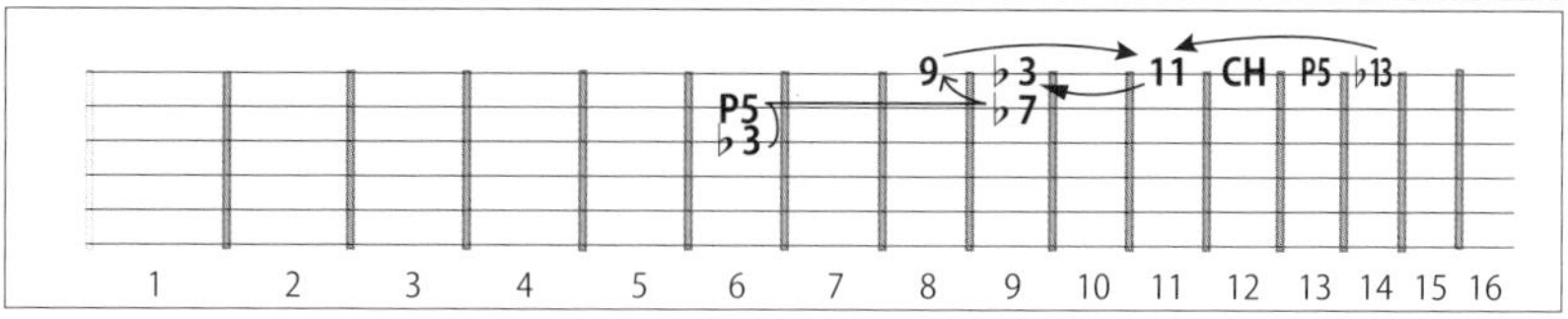

G7sus4 の最後の音を 3 弦 3f にし、D♭7(9) の出だしを 3 弦 4f(♭7th) にしてスムーズな音の流れを演出している。Root 音からクロマチックに下降するフレーズや Cm7 での 1 弦 11f → 7f → 10f → 8f などジャジーな音の流れ、メロディを体に入れよう。

「Kyoto」のソロ構成を徹底分析！

■「Kyoto」のコード譜

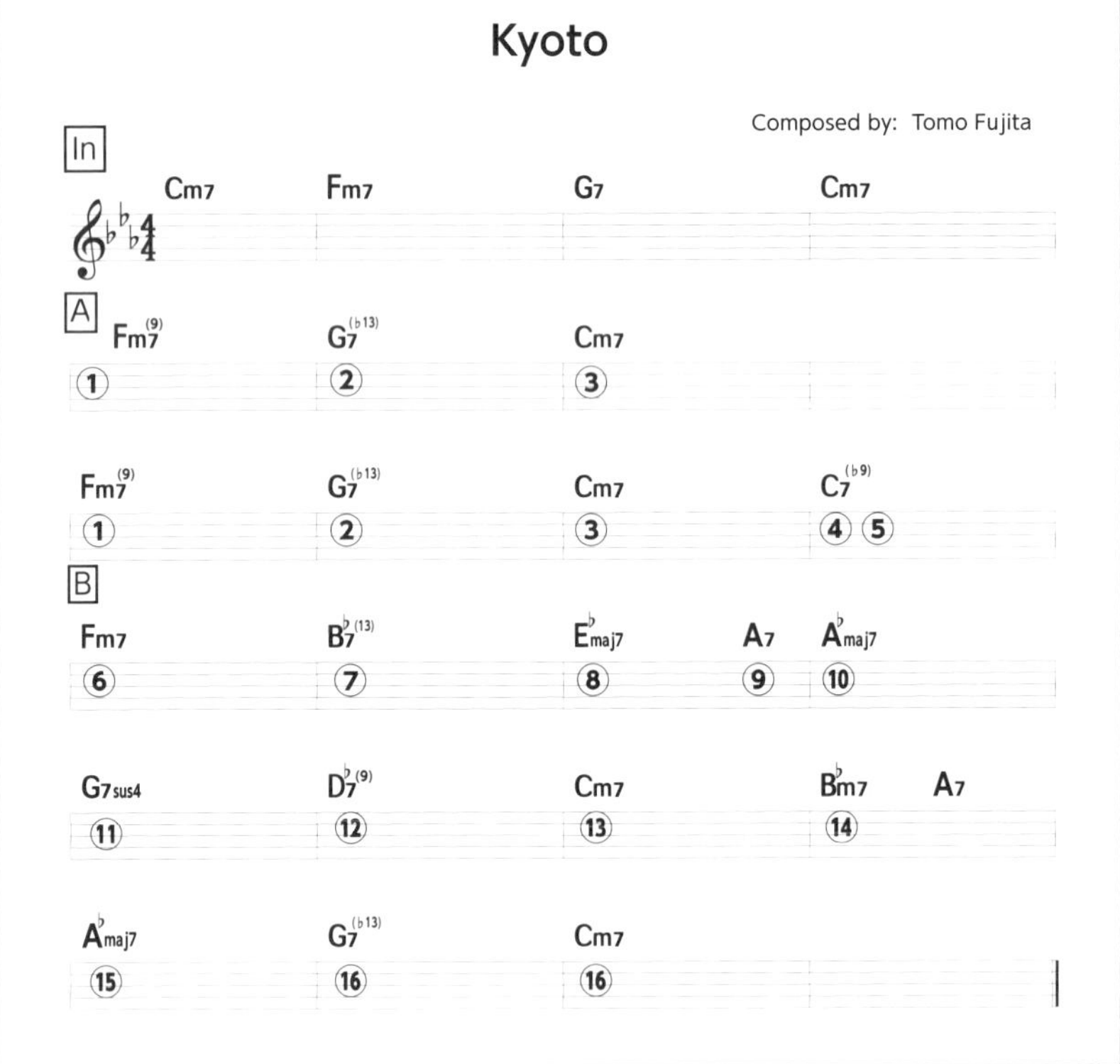

B (21～24小節目)

⑮ A♭Maj7 のアドリブ例

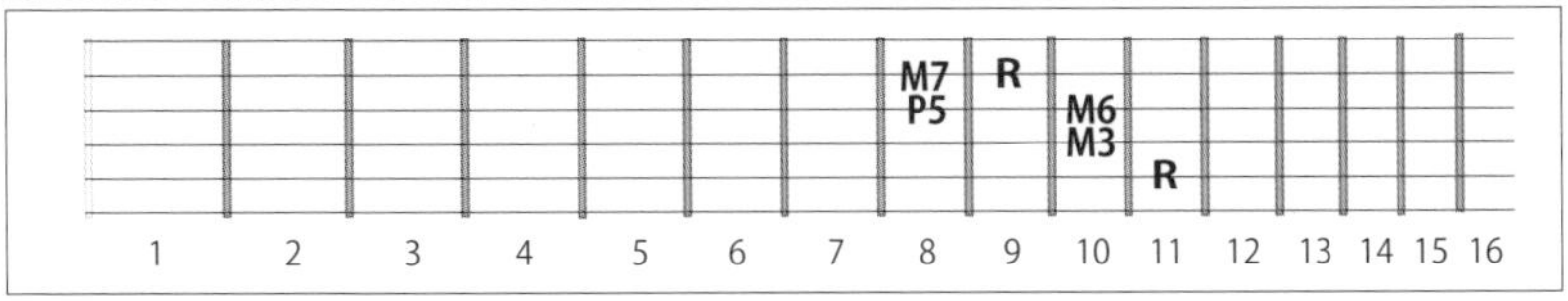

⑯ G7(♭13)のアドリブ例

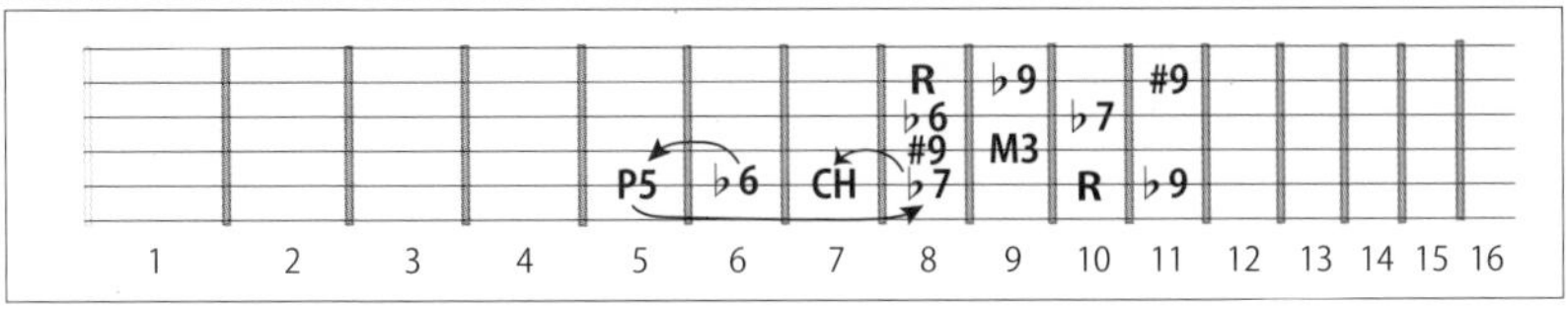

⑬ Cm7 のアドリブ例

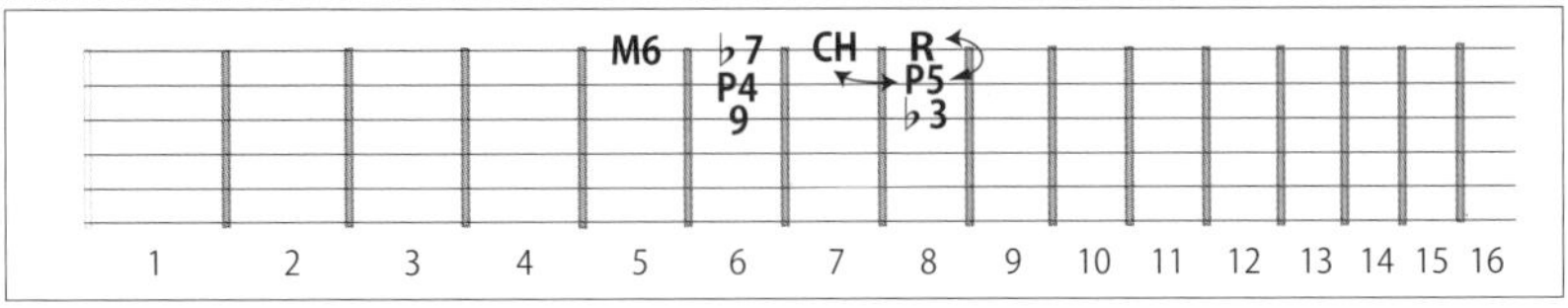

コードに対して、どの音から始めてどの音で次のコードに繋ぐかをイメージしながら弾こう。１つのコードに対してフレーズを弾くのではなく、コードの流れにメロディが乗るイメージ。G7(♭13) はオルタードアプローチ。スケールを丸覚えするのでなく、インターバルや音の流れ、メロディとして体に入れておこう。Cm7 では R から半音ずつ下降するクリシェだ。

■フレーズをチェック
音源は DVD からの抜粋です。

山下 隼

スタッフに聞く

ツアーエピソード

トモさんは行動するうえで常に先の事を考えていくテンポが凄く速い。僕は物を買うときに必要のない悩みをすることがあったのですが、トモさんと行動してから本当に必要なことだけを考えられるようになりました。

教則DVDの撮影にとても満足されたときも、ビールと美味しいお食事を食べに行こうとされたのですが、夜も遅く次の日は早朝からレッスンだったので、帰りにコンビニのパスタを買われていました。良い仕事が出来て一杯飲みたくても、少し考えて次の日のレッスンを大切にするお姿に師匠の尊敬する一面を見る事が出来ました。トモさんと一緒に歩いていると、例えば食事のお店の看板やメニューを見て、ラーメンとカレーと牛丼が注文できる店より、メニューが少なくラーメンならラーメンだけしか無いお店の方が、その一品に集中しているのできっと美味しいお店のはず！と想像されたり、デパ地下のお惣菜屋さんで2500円のお弁当と1500円のお弁当が並んで売られているのを見た時に、1500円のお弁当だけ売ると高いと思うけど、2500円のお弁当を横に置くと1500円のお弁当が買いやすく感じるんだよと、商売の仕方を見ていたり、トモさんと歩いていると色んな角度から物事を見られているので、僕は一緒に歩いているだけで新たな発見が沢山あって、とても勉強になります。

6章

オンリーワンで生きてきた道筋

子供時代

小学校4年生くらいからブルース・リーにハマっていました。同級生とは話が合わなかったから、2学年上の人とよく遊んでいました。そのせいか、4年生くらいからだんだんヤンキーになって、中学1年生のころはもうかなりのものでした。

中学に入ってエレキギターとアコースティックギターを買って、それがきっかけでヤンキーをやっていることがアホらしくなったんです。それで歌の歌詞とコードが載っている雑誌「明星」とか「平凡」のコード譜を見ながらＣｈａｒの曲のコピーをしたりして、それで私の人生が変わったんです。その時ギターと同時に空手もやっていたんですが、ある時空手の大会に行って休憩時間に館長の息子さんと話をしていたら、彼に「藤田は何が好きなの？」と言われ「ギターが好きです」と言ったら「そうか、一度うちに来なさい」と言われたんです。

彼はジャズが好きだった。

毎週、日曜日に空手の先生の家に行ってジャズのレコードを聴かされて、Ⅱ-Ⅴのフレーズを弾かされたんです。彼は「Ｃｈａｒなんか聴くな、ケニー・バレルを聴け」って。いきなり言われて僕は困りましたよ。でも、ジャズを聴かせてくれたことは素晴らしい経験でした。色々聴かせてもらって「ジョー・パスが好きだ」と言ったら、カセットテープにジョー・パスの曲を録音してくれたので、そればかり聴いていましたね。「Portraits of Duke Ellington」というアルバムでした。彼は僕に3つの60分テープを作ってくれたんですが、1つはバラード、2つ目はミディアムテンポ、3つ目はブルースの良い曲ばかり入っていて、当時はそればかり聴いていました。それが僕のジャズの土台なんです。

空手の先生は音楽理論を知らなかったので、僕に説明が出来ないのだけれど、却ってそれが良かった。ただ「このフレーズを弾け」と僕に言うんですよ。それを弾いて、なぜこれが良いのかを聞いても、「わからない。お前が分かったら良いのだから」と言われてね。

彼はオープンリールのテープでカラオケを自分で作っていて、それに合わせてギターを弾けと言うんです。弾くと、音が多いから演奏を止めろと言われました。その後にレコードを聴かされて。「弾け」「止めろ」「聴け」……その繰り返し。それで寿司を頼んでくれて食べるのが楽しみで。

彼に鍛えられました。いつも彼に「もっと音を聴け」「もっとスペースを開けろ」と言われていました。ステーキをご馳走になったときに言われた良い一言があります。「藤田、よく聞けよ。ナンバーワンになっても仕方がないからオンリーワンになれ」。だからスタジオミュージシャンになるのをやめたんです。

京都という情報が少ない街に生まれたことも、インターネットがない時代に生まれたことも良かったと思います。近所に拾得というライブハウスがあって、毎週月曜日にBREAK DOWNっていうバンドが出ていて、小6から中1までほぼ毎週見に行っていました。近藤房之助というギタリストがいて、B・Bキングを知る前にBREAK DOWNを聴いたけど、カッコよかったですよ。その後に塩次伸二さんや入道さんやQuncho（堤和美）さんも見にいったし正月には山岸潤史さんも来たし、とても面白い環境でした。そんな環境すべてが良かった。

僕が中3の頃に、拾得にベーシスト鳴瀬喜博さんがいるQUIZを見に行って、そのバンドの人に「僕は東京に行ってスタジオミュージシャンになりたい」と言ったんです。そうしたら皆に「高校は行ったほうが良い」と言われて。なぜかというと、メンバーは全員大学卒だったんですよ。東京のスタジオミュージシャンにそう言われたので、そこから塾に行くようになったんです。

それでも僕はプロになれるとは思わなかったから、普通に大学に進学しました。大学1年生の時にロシア語を勉強したんですが、自分には合っていないと思いましたね。その時にベーシスト納浩一さんがバークリーに行く話を聞いて、もう一度チャレンジしようと思ったんです。

納浩一さんのバンドを借りて、奨学金を得るためのオーディションのテープを作りました。そのテープの半分は、空手の先生のジャズギターでソロギターを入れたんです。全部借りたり助けてもらったり。
奨学金が出たので大学を辞めて、2年間アルバイトをしてお金を貯めました。その時点で大学を辞めて、敢えて帰れる場所を作らないようにしました。音楽を選んだので何でも辛抱できたし、辛いことはありませんでした。好きなことのためだから。今の人はこっちの方が簡単じゃないかとか、こっちの方が面白いんじゃないかとか、好みで選択してしまう人が多いですよね。僕の場合は好きなことが出来ている、というだけでも幸せなことなので、どんなことも辛くはないですね。

僕は人との出会いに恵まれています。僕はキーポイントで会った人が言ったひと言を信じた。その素直さも良かったと思います。空手の先生に「藤田は図々しいから良い」と言われたんですが、図々しいというのは質問したら答えが出るまで聞く、妥協しないということです。ジョー・パスに3回レッスンを断られた時も、諦めずにもう1回行きましたよ。なぜ断ったのかを聞くと、ジョーは教えないのではなくて、教え方を知らないのだと言っていました。何回頼んでも教えないって。それでもとにかくお願いします、と言ったらホテルに電話しろと言ってくれました。

次の日にカセットテープを持っていったら、「ちゃんと録音しろよ」と。ピックを持ちながらリズムを弾いたら、なぜそんな弾き方をするのかと聞かれたので、皆やっているからと答えたんです。こうやって5本の指で弾けば5つ音が出るのに、ピックを持ちながら弾けば4つしか音が出ない。お前はアホかと言われましたよ。そういう感じでハッキリ言われたので凄くいい体験でした。

普通の人は、そこでしくじってしまいます。断られて、諦めてしまう人が多いから。僕は断られても、それを悪い印象に思わないんです。

人生は出会いですね。

バークリーに行った頃

バークリーが始まるまで2ヶ月ほどあったので、2週間ほど友人の、そのまた友人の家に泊めてもらって、その期間にアパートを探しました。本当はウエイターの仕事を探していたのですが、ＭＡＧＩＣ　ＰＡＮという店でシェフ募集の貼り紙を見て、そこでアルバイトをやりました。

英語の勉強は渡米前に日本で少しやりましたね。お金を貯めているときにバイリンガルという学校に行ったり、そこの先生と友達になったりして。はじめは日本語で考えてから英語で考える、という感じで疲れました。途中で段々それが英語だけになって、正確にはわからないけど、英語に慣れるまでに1年くらいかかりました。

もし読んでいるあなたがバークリーに行きたいなら英語も必須ですが、音楽の基礎をしっかりすることと、ブルースは弾けるようにしたほうが良いです。

バークリー音楽大学の学生時代の思い出

Boston best Guitarist competition というのに応募して、合格したのは嬉しかったです。セミファイナルまで行って、なんと3位になったんですよ。日本人がBoston best Guitarist competitionで3位になったということは、人種の偏見とかがなくて、ちゃんとやったら認めてもらえるということが分かって、それが凄く嬉しかったですね。バークリーでは上手な人はたくさんいました。バークリーに行く前には、自分のカラーを作ろうとしてラリー・カールトンを聴くのを止めていました。バークリーの2年目にラリー・カールトンのコンサートがあったんです。実はチケットを買っていたんですが、当日の夜は行かなかったんですよ。行ったら影響されると思ったから……だからわざと行かなかった。卒業間際になって、ブルースが大事だってことに気づいたんです。自分はブルースが弾けていないと思ったんです。ブルースのバンドに入ってアンプ直でやったときに、ブルースが出来ていないことが分かって、そこでこれからはジャズを聴かないと決めました。その後ジャズ禁止令が4年くらい続きました。それから中古レコード屋に行って、売ったり買ったりしながらブルースのレコードを聴いていました。それから3～4年でやっとブルースが弾けるようになったんです。そこで僕のスタイルが出来た。アメリカで活動していたのはとても良かったです。それとアメリカはディスカッションしていても、歳は関係ないんですよね。日本だと舎弟関係があるから、下手をすると先輩の言ったことをそのままやってしまう。これはとても危険なことです。だから僕は東京ではなくて、アメリカに行って良かったですね。

ギターレッスンを始めたきっかけ

レストランでアルバイトばかりをしているのは良くないと思ったし、人に教えることをしたいな、と思ってバンドの仲間に言ったら、ドラマーがギター講師を探している楽器屋を教えてくれたんです。それが始まりですね。バークリーを卒業するときに先生とも友達になったので、先生たちも教えたらどうだ、と言うんですね。それもあって教えるようになりました。1993年からです。

バークリー音楽大学でレッスンを始めるきっかけはGuitar sessionというのが夏に一週間あって、それの1991年か1992年に参加しました。僕はスティーヴィー・レイ・ヴォーンが好きだったので、ブルース系のアンサンブルを教えてて。その時アンディ・ティモンズがゲストでした。彼は僕のアンサンブルを見にきてくれて気に入ってくれていたので、僕をゲストで呼んでくれたんです。その後にギター科の主任にオフィスに呼ばれて、そこでバークリーで教えないか？って言われました。卒業して2～3年で教える人はなかなかいないんですよ。ジャズギターをやりたくてアメリカに来たのに、セッションではストラトでファンクやブルースもやったから、ある意味ジャズをやっていたら先生になれなかったかもしれないですね。

いつも思うんだけど、出来ないことや、限界があることは素晴らしいことです。

もし僕がお金持ちでアーチトップギターを持っていたら先生になれていなかったかも!?

ギターで生きること

僕はレッスンやギターを通して人とコミュニケーションを取ることと、人の悩みを、ギターを通して助けてあげることが一番の生きがいです。ギターを通じてその人の人生がもっと幸せになったら良いな、と思うので喜びを感じます。

ギターのおかげで人生が楽しくなりました。いつもギターのことを考えています。本当にギターに出会えて良かったなと思います。

音楽を好きになったおかげで自分を表現する手段を得ました。人が感動できるものを作れる素材です。ギターと音楽は、僕にとって一番合っているものです。今までにアルバムを3枚、スティーヴ・ガッド、ウィル・リー、バーナード・パーディ、スティーヴ・ジョーダンと作りました。

今も「Ｊｕｓｔ Ｆｕｎｋｙ」や「Ｋｙｏｔｏ」は人気があります。人がカバーしてくれる曲が出来たというのが自分でもちょっとビックリでした。かなりの人数の人がコピーしてくれています。そんなに欲張っていないけど、もう1曲は良い曲を作りたいですね。音楽の凄いところは、大きな可能性があるところ。そこが凄く楽しいと思います。

応援してくれる皆さんに幸せになってもらうことを願っています。

■関連商品のご案内

本書は同時期発売のDVDに収録されたトークやレクチャーをもとに構成し、映像だけでは難解な箇所を図解することで、理解が深まるように書籍化したものです。音や映像でも確認したい方はぜひDVDも併せてお楽しみください！

トモ藤田 Guitar World USA & JAPAN
~トライアドの先へ Lecture & Documentary ~ [2枚組DVD]

トモ藤田初の教則&ドキュメンタリーの2枚組作品！

これまで多くの教則本、DVDを発表し、世界中のギタリストから支持を受けているトモ藤田初の教則&ドキュメンタリー豪華2枚組DVD! ドキュメンタリーDVDでは、2017年10月の来日ツアー各地でのライブ&クリニックの裏側に密着。さらにはバークリー音楽院での授業の様子や、ボストンでのプライベートライフまで盛り込まれた。なぜトモ藤田がジョン・メイヤーをはじめ、多くの優れたミュージシャンを輩出できたのか..? ストイックなまでにコントロールされた日常からその謎に迫る。教則DVDでは、多くのギター教則本・DVDを手掛けてきたギタリスト/アルファノート代表の四月朔日義昭による的確なナビゲートで、トモ藤田がこれまでの教則本では触れなかった、上を目指すためのギター演奏の方法論、アプローチ方法、演奏思考法をじっくり紐解いていく。
自身の著書でも提案しているトライアドの重要性を踏まえ、さらに上級メソッドを公開！ジャズブルース・コード一発・使用頻度の高いコード進行・自身の人気曲kyotoを通じて、トモ藤田流ソロアプローチの秘密をゆっくり弾いて仕組みを解説。またキレッキレかつメロディアスなファンクカッティングの秘密も明かされた。左手・右手の使い方、弦、他楽器からのアプローチなどあらゆる側面から解説している。ホントはココが知りたかった！がこれでもかと詰まった妥協を許さないDVDとなった。ドキュメンタリーと教則のディスクを分けた2枚組DVDで、2倍楽しめる作品である。

左記のQRコードを携帯電話のバーコードリーダー機能もしくはスマートフォンQRコードスキャナーアプリにて読み取るとDVDの一部がご覧になれます。

本編：4時間10分
定価：本体3500円+税
ISBN:978-4-906954-71-1

トモ藤田 Guitar World ~トライアドの先へ Guitar talks ~
2018年5月26日 初版発行

著者　トモ藤田
発行人　四月朔日義昭
発行所　株式会社アルファノート
〒190-0033 東京都国分寺市内藤 2-39-38
TEL 042-505-9560 FAX 042-633-0340
ホームページ URL　https://alfanote.jp

表紙／本文デザイン　ALFANOTE
写真　尾形隆夫

Special Thanks

川畑完之 / 山下隼 /George Mattingly/Anthony Solombrino/Roksana Habibi/ 曽我美芽 / 上田和貴 / 浜中洋輔 / 前田寛史 / 高野直 / 満園庄太郎 / 満園英二 / 松川純一郎 / 宮本英生 / 早瀬みゆき / 西本勲 / 四月朔日ゆき /Larry Baione/Kim Perlak/Bob Stanton/Everyone at Berklee College Of Music/Kanji Kawabata @ Kanji Guitars/Shinji Kishimoto @ Grinning Dog Pickups/Pickboy/ 成田国際空港（株）/ 島村楽器 /BAR CLAPTON/BLUE MOOD/KANJI WOOD CARVING & MUSICAL INSTRUMENTS/MIC-ENT

ISBN 978-4-906954-72-8
定価はカバーに記載されています。